中國倫理思想研究文叢

初 編

王 澤 應 主編

第 5 冊

《鹽鐵論》經濟倫理思想研究

李 興 著

花木蘭文化出版社

國家圖書館出版品預行編目資料

《鹽鐵論》經濟倫理思想研究／李興 著 ― 初版 ― 新北市：花
木蘭文化出版社，2013〔民 102〕

目 4+146 面；19×26 公分

（中國倫理思想研究文叢 初編：第 5 冊）

ISBN：978-986-322-290-3（精裝）

1. 鹽鐵論　2. 研究考訂　2. 經濟倫理

190.9208　　　　　　　　　　　　　　　　102012298

ISBN-978-986-322-290-3

9 789863 222903

中國倫理思想研究文叢

初　編　第五冊　　　　　ISBN：978-986-322-290-3

《鹽鐵論》經濟倫理思想研究

作　者　李興
主　編　王澤應
總編輯　杜潔祥
出　版　花木蘭文化出版社
發 行 所　花木蘭文化出版社
發 行 人　高小娟
聯絡地址　235 新北市中和區中安街七二號十三樓
　　　　　電話：02-2923-1455／傳真：02-2923-1452
網　址　http://www.huamulan.tw 信箱 sut81518@gmail.com
印　刷　普羅文化出版廣告事業
初　版　2013 年 9 月
定　價　初編 6 冊（精裝）新台幣 10,000 元　　　版權所有·請勿翻印

《鹽鐵論》經濟倫理思想研究

李 興 著

作者簡介

李興，湖南長沙人，1963 年 5 月出生。1984 年畢業於中國人民大學財金系，後在湖南財經學院金融系任教。2009 年在湖南師範大學獲得倫理學博士學位，師從王澤應教授。現任上海浦東發展銀行長沙分行中小企業中心總經理。著有《商業銀行信貸風險管理》、《商業銀行信貸風險管理中的內部利益沖突與倫理治理》、《釋「輕重」——兼論「輕重論」產生的時代》、《論商業銀行對信貸客戶經理的激勵機制》等著作及論文。

提　　要

　　經濟倫理思想的形成和出現比經濟倫理學學科的創立要早很多。在我國先秦以及西方的古希臘已經有了後世所謂的經濟倫理思想。發展具有中國特色的當代經濟倫理學，需要總結和發掘古代的經濟倫理思想。在中國古代經濟倫理思想的發展歷史上，漢代的《鹽鐵論》是一部具有承前啟後、繼往開來意義的十分重要的著作。對《鹽鐵論》經濟倫理思想予以系統的整理和深入的研究，無疑有助於我們拓展中國經濟倫理思想的研究空間和領域，深化對中國經濟倫理思想範疇和問題的研究層次，建構具有中國特色的當代經濟倫理學學科。

　　《鹽鐵論》實際上是西漢鹽鐵會議上賢良、文學與大夫、御史發言的整理。鹽鐵會議是中國古代歷史上第一次規模較大的關於國家大政方針的辯論會。由於鹽乃人人所必需，而又不是人人所能自己生產，必須求之於市場的日常必須品，故鹽的生產和銷售很早就是一種獲利優厚的商業經營。鹽以外最必需的就是鐵，因為鐵是製造一切生產工具和兵器的原料。所以鹽鐵經營權成為鹽鐵會議所有爭論的核心內容。《鹽鐵論》既充分展示了當時上層社會兩種不同的治國思路，也相當集中地體現了當時兩種對立的經濟發展觀。在理解何為治國之本問題上，賢良、文學基本上持道德決定論的觀點，而大夫、御史則基本上持經濟決定論的觀點；在對待如何發展經濟的問題上，賢良、文學持崇本抑末、以農貶商的觀點，大夫、御史則持以末易本、以商通有的主張；在對待國家財富的管理和分配問題上，賢良、文學持無政府主義的立場，而大夫、御史則持權威主義的立場，等。

　　鹽鐵會議既是經濟政策之爭，更是經濟倫理思想之爭。它不僅反映了西漢經濟思想爭鳴的實際情況，折射出中國漢代經濟思想的哲學基礎，而且為漢代經濟思想提供了價值標準和方法論，奠定了漢代經濟倫理思想的理論基礎。《鹽鐵論》記述和表達經濟倫理觀的對立和爭論，本質上是當時社會經濟矛盾及其客觀要求的反映。當時的西漢王朝既要抵禦外敵的侵擾，又要平抑諸侯的野心，還要滿足自身的消費，可謂是面臨著內外多重壓力。而當時的經濟狀況和財政收入均不容樂觀，通過鹽鐵官營以增加收入便成為必然的選擇，由此引起的爭論也是必然的。鹽鐵會議上，兩派圍繞著要否罷鹽鐵官營問題，形成了一系列

不同的觀點和主張。用今天的經濟倫理學觀點言之，即經濟的集權與分權、自由競爭與壟斷經營以及功利論與道義論等問題。這正是國家經濟治理中棘手且充滿挑戰意味的難題，也是經濟倫理學所不容迴避的重大理論和現實課題。《鹽鐵論》的兩種經濟倫理觀，繼承並發展了春秋戰國時期諸子的經濟倫理思想。相對來說，賢良、文學派更多地繼承了儒家的經濟倫理學說，但也繼承了一些道家的經濟倫理思想。而大夫、御史派則較多地繼承了墨家和法家特別是法家的經濟倫理思想。《鹽鐵論》所記述和表達的兩種治國理念、兩種經濟倫理觀，既彙集春秋戰國儒、法諸家爭鳴之大成，又開啟了後漢歷代儒學內部經濟倫理爭論的先河。

　　本文立足於中國社會主義經濟倫理學發展的大勢，堅持以發展著的中國馬克思主義為指導，本著尊重歷史和「古為今用」的研究方針，對《鹽鐵論》經濟倫理思想作了系統深入的研究，以為發掘傳統經濟倫理思想資源，建設有中國特色社會主義先進文化服務。本文以馬克思主義世界觀、歷史觀和倫理觀為基本視角，以唯物辯證法和邏輯與歷史相統一的方法、及價值分析方法為基本的研究方法，著眼於傳統經濟倫理思想變遷的實質與特點，採取史論結合的方法來研究《鹽鐵論》的主要經濟倫理問題，並對爭辯雙方的思想進行唯物辯證的考察分析，力圖作出比較科學的評價總結。

　　本文共分為七章：第一章，介紹考察鹽鐵會議的歷史背景，分析鹽鐵會議的主要目的，並對《鹽鐵論》其書及爭辯雙方的階級、文化背景作出必要的介紹說明。第二章分析指出《鹽鐵論》的人性觀，並不是對先秦人性論的簡單復述，而是有選擇的利用，有目的的發展；大夫、御史與賢良、文學人性之爭主要是關於人的本性是什麼，人的本性是否可變。大夫、御史不但承認人性惡，而且理直氣壯地說人性惡並非是壞事；賢良、文學反對人性自私論的觀點，認為自私的人與禽獸無異。大夫、御史認為人性不可改變，教育是無用的；賢良、文學則認為人性可以改變，貪官是後天形成的。第三章分析指出貫穿於鹽鐵會議始終的一個關乎全局的思想基調是雙方的義利之爭：賢良、文學的義利觀具有重義輕利的特徵；大夫、御史重利，主張自利、利國、利民的統一，其中自利是核心。大夫、御史與賢良、文學的義利之爭實際是雙方人性之爭的必然延伸。第四章分析指出大夫、御史與賢良、文學的本末之爭的焦點，不是要不要「本業」或「末業」，而是由誰來經營「末業」，前者力主官營的合理性，後者則指出官營的種種弊端。其實質不是對農業、商業的產業地位問題的爭論，而是其義利之爭的延續。第五章分析指出富國與富民之爭是《鹽鐵論》貧富之爭的實質。大夫、御史與賢良、文學關於富國與富民之爭的實質並不是要不要富國與要不要富民，而是富國與富民誰應被優先確保的問題。關於貧富的原因之爭是《鹽鐵論》貧富之爭的核心。大夫、御史認為民貧富的根本原因有三：其一在於民自身的勤勞與節儉程度，其二在於民之勞動能力高低，其三在於是否有致富之術。賢良、文學則針鋒相對地指出民之貧窮的根本原因就是官禍。關於貧富的態度之爭是《鹽鐵論》貧富之爭的重點。大夫、御史與賢良、文學對貧富的態度之爭實際上涉及了所謂的義榮（辱）與勢榮（辱）的關係問題。第六章分析指出鹽鐵會議上大夫、御史與賢良、文學關於奢、儉之爭是西漢奢侈之風泛濫的反映；其實質是爭論雙方經濟倫理思想的深化。在奢與儉問題上，賢良、文學主張「反奢崇儉」，大夫、御史等主張「節奢刺儉」。第七章是對《鹽鐵論》經濟

倫理思想總結與評價。指出《鹽鐵論》不但是對漢武帝一生功過是非，也是對西漢王朝建立後一百二十多年歷史的總結，對中國的 2000 多年的經濟倫理思想產生了深刻的影響，對現代經濟倫理學的發展，經濟實踐的發展也不乏啟示意義。

《鹽鐵論》是世界上討論國家政權與市場體系之間關係的早期最豐富的文獻，是中國社會兩千年以來各朝各代制訂經濟政策頻頻參考借鑒的「資源大典」，也是中國經濟倫理思想史上功利論與道義論最富有現實價值的目標與路徑之爭，留給後人不盡的思考和啟示。從某種程度上說，漢代的鹽鐵會議具有尋找和創設民族核心價值體系的意義，對我們今天建構社會主義核心價值體系亦具有某種啟迪和借鑒作用。

總序：中國傳統倫理思想特質論

王澤應

　　建設中華民族共有精神家園，發展具有中國特色社會主義的倫理思想體系，提升中華文化的軟實力，都需要我們發掘傳統倫理思想的源頭活水，弘揚深藏於傳統倫理思想中的傳統美德，而這也要求我們立於新的時代情勢深度體認並揭示出中國傳統倫理思想的精神實質和基本特徵。中國傳統倫理思想是中華文化和中國哲學的重要組成部分，從某種意義上說，對倫理思想的置重和對倫理道德的倚重形成中華文化和中國哲學的基本特色。那麼，中國傳統倫理思想的基本特徵和精神實質究竟是什麼？這是一個儘管有所認識但還認識得十分不夠，需要智慧的心靈不斷予以探究和整體推進的關鍵性問題和本源性問題。

一、近代以來人們對中國傳統倫理思想特質的認識

　　近代以來興起的中西古今之爭，大量地涉及中國文化與西方文化以及傳統倫理思想特質的認識。馮桂芬、郭嵩濤、鄭觀應等早期改良主義者，嚴復、譚嗣同、梁啓超等維新志士，五四新文化運動時期的陳獨秀、李大釗、胡適以及東方文化派的杜亞泉，現代新儒家梁漱溟、張君勱、馮友蘭等都對中西文化比較發表了自己的看法，其中不乏對中國傳統倫理思想特徵的認識。

　　近代新倫理的孕育始於中西古今之爭。而在中西古今之爭中即已涉及到傳統倫理思想特徵的把握。伴隨著西方文化特別是西方倫理價值觀的輸入，人們開始突破華夷之防的藩籬，將中國傳統倫理思想與西方倫理思想予以比較，並在比較中批判傳統倫理思想的弊端，肯定西方倫理思想的特色和長處。郭嵩燾在出使英法諸國時詳細考察其倫理道德，並比較與中國在仁、義、禮、

智、信等倫理道德準則上的共性與差異，批判了頑固派中國傳統倫理道德優於西方，泰西夷人只有奇技淫巧沒有倫理道德，「彼等之風俗，不過淫亂與機詐，而彼等之所尚，不過魔道與惡毒」〔註1〕等錯誤認識，指出中國的儒家講仁愛，西方人講博愛，愛人的範圍比儒家仁愛更爲廣泛。「中國言義，虛文而已，其實朝野上下之心無一不鶩於利，至於越禮反常而不顧。西洋言利，卻自有義在。」西方人對禮的尊崇似乎在中國人之上，他們「彬彬焉見禮之行焉，中國不能及遠矣。」〔註2〕「西洋以智力相勝，垂兩千年，……誠得其道，則相輔以致富強，由此而保國千年可也；不得其道，其禍亦反是。」〔註3〕說到信，郭嵩燾指出：西方「以信義相先，尤重邦交之誼，致情盡禮，質有其文，視春秋各國殆遠勝之。」總之，在郭嵩燾看來，西方決非處於野蠻狀態下尚未開化的蠻夷，他們有自己源遠流長而又自成一體的倫理道德傳統，就仁、義、禮、智、信五個方面的比較而言，他們似乎都在中國傳統倫理思想之上，郭嵩燾的思想可謂西化主義的先聲。

戊戌變法時期，康有爲、梁啓超、譚嗣同、嚴復等人試圖運用西方近代倫理學說分析中國近代的社會道德現象，把西方近代倫理思想與中國近代社會的具體國情結合起來考察分析，對西方近代的自由、平等、博愛、天賦人權和社會契約等理論表現出濃厚的興趣，並以此來思考中國社會變革的路徑和新倫理建設的方向。梁啓超認爲，中西倫理道德和思想傳統各有所長也各有所短，「欲強吾國，則不可不考博各國民族所以自立之道，彙擇其長者而取之，以補我之所未及」，主張把中華民族的優良道德傳統與西方民族道德觀念中的長處結合起來，構造一種全新的國民道德觀念和心理品質。梁啓超反對全盤否定中國傳統倫理學說和道德觀念的民族虛無主義，也反對墨守成規、固步自封的文化保守主義和國粹主義，指出他所謂的新民，「必非如心醉西風者流，蔑棄吾數千年之道德學術風俗，以求伍於他人；亦非如墨守故紙者流，謂僅抱此數千年之道德學術風俗，遂足以立於大地也。」〔註4〕新民之新義主要體現在兩個方面，一曰淬厲其所本有而新之，二曰採補其所本無而新之。梁啓超認爲，「今試以中國舊倫理，與泰西新倫理相比較。舊倫理之分類，曰

〔註1〕轉引自馬士：《中華帝國對外關係史》第2卷，第206頁。
〔註2〕郭嵩燾：《郭嵩燾日記》卷四，第298頁。
〔註3〕郭嵩燾：《倫敦與巴黎日記》，第91頁。
〔註4〕梁啓超：《新民說》，《梁啓超文選》，王德峰編選，上海：上海遠東出版社2011年版，第47頁。

君臣，曰父子，曰兄弟，曰夫婦，曰朋友。新倫理之分類，曰家族倫理，曰社會倫理，曰國家倫理。舊倫理所重者，則一私人對於一私人之事也。新倫理所重者，則一私人對於團體之事也。」〔註5〕中國傳統倫理「偏於私德，而公德殆闕」，中國傳統倫理道德的主要內容就是束身寡過主義、獨善其身主義、自了主義、「畏國事之為己累」等私德，而泰西新倫理則是重於公德，它注重維護社會公共生活，協調國家之內的各種社會關係，是故社會倫理和國家倫理發達。雖然公德私德並行不悖，且相互聯繫，但是人人相善其群的公德比人人獨善其身的私德要更有社會意義，公德是當今「諸國之源」，「知有公德，而新道德出焉」，所以中國的新民德當從興公德開始。嚴復在《論世變之亟》一文中指出，中西文化最大的差別在於自由觀念上的差別。「中國理道與西方自由最相似者，曰恕，曰絜矩。然謂之相似則可，謂之真同則大不可也。何則？中國恕與絜矩，專以待人及物而言，而西人自由，則於及物之中，而實寓所以存我者也。」自由既異，導致了其他諸種道德觀念和倫理價值上的差別。「中國最重三綱，而西人首明平等，中國親親，而西人尚賢；中國以孝治天下，而西人以公治天下；中國尊主，而西人隆民；中國貴一道而同風，而西人喜黨居而州處；中國多忌諱，而西人重譏評」，「中國委天數，而西人恃人力。」〔註6〕中國人相信世道「一治一亂、一盛一衰」的歷史循環論，西方人則提倡以「日進無疆，既盛不可衰」的歷史進化論。

五四新文化運動時期展開了一場大規模的東西文化論戰，其中大量涉及中西倫理思想的比較研究，雖然不乏過激與片面，但確打開了人們的認識視野，將中國傳統倫理思想置於與西方倫理思想的比較框架中予以重新認識。陳獨秀在《東西民族根本思想之差異》一文中指出：東西民族根本思想的差別表現在，東方民族以安息為本位，西方民族以戰爭為本位；東方民族以家族為本位，西方民族以個人為本位；東方民族以感情和虛文為本位，西方民族以法治和實力為本位。以安息為本位的東方民族，「惡鬥死，寧忍辱」，「愛和平」，所以成為「雍容文雅之劣等」，以戰爭為本位的西方民族，「惡侮辱，寧鬥死」，所以「以鮮血取得世界之霸權」。以家族為本位的東方民族，個人無權利，一家之人聽命家長，遵循著宗法社會封建時代的道德，以個人為本

〔註5〕梁啟超：《新民說》，《梁啟超文選》，王德峰編選，上海：上海遠東出版社2011年版，第48頁。

〔註6〕嚴復：《論世變之亟》，《嚴復集》第一冊，北京：中華書局1986年版。

位的西方民族，爭的是個人權利，「舉一切倫理道德政治法律，社會之所嚮往，國家之祈求，擁護個人之自由權利與幸福而已。」以感情和虛文為本位的東方民族，「其實施之者多外飾厚情，內恒憤忌，以君子始，以小人終」，以法治和實力為本位者，「未嘗無刻薄寡恩之嫌，然其結果，社會各人不相依賴，人自為戰，以獨立之生計，成獨立之人格，各守分際，不相侵漁，以小人始，以君子終。」〔註7〕杜亞泉以傖父為筆名發表了多篇論及東西文化差異的文章，與陳獨秀等人進行論戰。他在《靜的文明與動的文明》一文中比較了西洋文明與中國文明，認為西洋文明重人為，中國文明重自然，西洋文明以戰爭為常態，以和平為變態，中國文明以和平為常態，以戰爭為變態；西洋人生活是向外的，中國人生活是向內的。「西洋社會既以競爭勝利為生存必要之條件，故視勝利為最重而道德次之；且其道德之作用，在鞏固團體內之各分子，以對抗他團體，仍持為競爭之具。而所謂道德者，乃從人與人之關係間規定其行為之標準，故多注意於公德。而於個人之行為，則放任自由。凡圖謀自己之利益，主張自己之權利，享用自己之財產，皆視為正當，而不能加以非難。」中國社會則不然，在勝利與道德關係上視道德為最重，故不但不崇拜勝利，反而有蔑視勝利之傾向。「道德之作用在於消滅競爭，而以與世無爭，與物無競為道德之最高尚者。所謂道德，即在拘束身心、清心寡欲，戒謹於不睹不聞之地，為己而不為人，故於個人私德上兢兢注意。凡孜孜於圖謀自己利益，汲汲於主張自己權利，及享用過於奢侈者，皆為道德所不許。」〔註8〕在杜亞泉看來，吾國固有之倫理思想，正足以救西洋倫理思想之弊，濟西洋倫理文明之窮者。1918年，李大釗發表了論述中西文化差異的文章，指出中國民族之日常生活以靜為本位，以動為例外，而西方民族之日常生活則以動為本位，以靜為例外，「更以觀於倫理，東方親子間之愛厚，西方親子間之愛薄。東人以犧牲自己為人生之本務，西人以滿足自己為人生之本務。故東方之道德在個性滅卻之維持，西方之道德在個性解放之運動。」〔註9〕李大釗認為，東洋文明與西洋文明，實為世界進步之二大機軸，如同車之兩輪，鳥之兩翼，缺一不可，而又需要彼此互相學習。梁漱溟在《東西文化及

〔註7〕陳獨秀：《東西民族根本思想之差異》，《青年雜誌》第 1 卷第 4 號，1915 年 12 月。

〔註8〕傖父：《靜的文明與動的文明》，《東方雜誌》第 13 卷第 10 號，1916 年 10 月。

〔註9〕李大釗：《東西文明根本之異點》，《言治》季刊第三冊，1918 年 7 月。

其哲學》中比較了中、西、印三種文化，認爲西方文化是以「意欲向前」爲根本路向，重在對外部世界的征服與改造，中國文化是以「意欲調和持中」爲根本精神的，重在人與人之間關係的處理和自我性情的陶鑄，而印度文化則以「意欲向後」爲根本路向，重在人與神關係的處理以及自我的壓抑與束縛。

20 世紀四十年代，黃建中在《比較倫理學》中比較了中西道德觀的差異，認爲中西道德的第一個方面的差異表現在「中土倫理與政治結合，遠西倫理與宗教結合」，形成了政治倫理與宗教倫理的差別；第二個方面的差別表現在「中土道德以家族爲本位，遠西道德以個人爲本位」。「中土以農立國，國基於鄉，民多聚族而居，不輕離其家而遠其族，故道德以家族爲本位。」「遠西以工商立國，國成於市，民多戀遷服賈，不憚遠徙。其家庭組織甚簡，以夫婦爲中心」，故道德以個人爲本位。第三個方面的差異表現爲「中土道德主義務平等，遠西道德主權利平等」。第四個方面的差異表現在「中土重私德，遠西重公德」。第五個方面的差異表現在「中土家庭尚尊敬，遠西家庭尚親愛。」〔註10〕與黃建中的觀點類似，臺灣學者吳森認爲中西倫理道德的不同可以歸結爲效法先賢與服從律令，人倫本位與個人本位，義務本位與權利本位，情之所鍾與唯理是從幾個方面。〔註11〕

改革開放以來，隨著倫理學學科的恢復，中西倫理思想史學科也獲得了新的發展，一些現代倫理學研究者在研究中國倫理思想的精神實質和基本特徵時也提出了不少具有啓發性的觀點或理論，表現出在繼承以往思想成果基礎上的創新，一些論述更切合中國倫理思想的實際和要義，具有「致廣大而盡精微」的學術探究意義。陳谷嘉教授認爲，倫理與宗法關係的緊密結合，從而形成了以「忠」和「孝」爲核心內容的宗法體系，這是中國倫理思想最突出的和最基本的特徵；此外，倫理與哲學緊密結合，倫理與政治緊密結合，也是中國古代倫理思想的基本特徵。〔註12〕朱貽庭教授主編的《中國傳統倫理思想史》一書比較全面地闡釋並論述了中國傳統倫理思想的特點，指出由人道精神屈從於宗法關係而產生的「親親有術，尊賢有等」，是中國傳統倫理

〔註10〕參閱黃建中：《比較倫理學》，山東人民出版社 1998 年版，第 82～92 頁。

〔註11〕參閱吳森：《中西道德的不同》，見郁龍餘編《中西文化異同論》，北京：三聯書店 1989 年版，第 184～196 頁。

〔註12〕參陳谷嘉：《論中國古代倫理思想的三大特徵》，《求索》1986 年第 5 期。

思想所提倡的道德規範或道德要求的基本特點，道德來源上由天道直接引出人道，既把人道作爲人們行爲的當然之則，又把人道歸之於天理之必然，也是中國傳統倫理思想的基本特點；以德性主義人性論爲主流，並以此去論證道德修養，是中國傳統倫理思想的第三個特點；在義利之辨中，重義輕利的道義論是中國傳統倫理思想關於道德價值觀的主要傾向；此外，道德與政治一體化，重視道德教育和道德修養也是中國傳統倫理思想的基本特點。

從郭嵩燾、嚴復、陳獨秀到現代學者關於中國傳統倫理思想基本特徵的論述，適應不同時期倫理文化建設的發展需要，經歷了一個以批判或辯護爲主而向學理探究爲主的轉變，或者說經歷了一個由「拔根」而向「紮根」的認識轉換過程。醉心西化論者，大多以西方倫理思想之長反觀中國傳統倫理思想之短，每每得出「百事不如人」的結論，故其批評尖刻有餘而公允論述甚少，致使中國傳統倫理思想之精神實質往往淹沒不彰。堅守本位論者，大多肯定中國傳統倫理思想的世界先進性，而對西方倫理思想的利己主義功利主義與實用主義則予以猛烈抨擊。這些在當時特定的歷史文化條件下都是可以理解的，但確實是情感主義取代了理性主義，片面尖刻取代了全面深刻，留下的歷史後遺症直到現在還未能完全被矯正。進入到改革開放新時期以來，超越近代以來西化主義和保守主義的局限成爲一些學者的追求，在中國倫理思想史和西方倫理思想史的比較研究中回歸和注重理性，並予以深度而全面的探討，也被大家崇尚。正是這樣，才在中國傳統倫理思想史的研究方面不斷由初疏走向深入，由一般的現象揭示上升爲精神實質的探討，取得了可喜的研究成就。這些研究成就，爲我們進一步深入探討中國傳統倫理思想的精神特質和內在價值提供了良好的基礎。特別是進入新世紀以來，適應建設中華民族共有精神家園、提升中國文化軟實力以及繼承傳統美德、弘揚民族精神等倫理文化建設任務的需要，對中國倫理文化認識包括對其基本特徵的認識也在走向深化，時代和人們呼喚有關於中國傳統倫理思想深層內涵、價值原點和精神實質乃至獨特魅力和韻味的深刻認識。

理性而全面地考察中國傳統倫理思想，需要從神形表裏等方面運思，既考源溯流，又探賾索隱，既立乎其大又兼顧其小，並在對各個時期倫理思想特質的辯證把握中上升到整體觀照。中國傳統倫理思想特質兼具形式特質和實質特質兩方面，應當從形式或表象和內容或實質兩方面予以考察，由此顯現出的特點亦可以歸之爲形式特點和實質特點兩大方面。

二、中國傳統倫理思想的形式或結構性特質

萌生於遠古、發端於殷周、發展於漢唐、成熟於宋明的中國傳統倫理思想，是人類倫理思想史上一個獨特的思想類型，其結構之多元互補，其演變之源遠流長，其生命力和凝聚力之強大蓬勃，都是世界倫理思想上不可多得的範本。

1、多元一體的結構互補性

與西方倫理思想「二元對立」的模式有別，中國倫理思想具有「多元一體」的結構特質。西方倫理思想緣起於古希臘生命衝動與邏各斯之間的內在緊張，亦如尼采所言的「酒神精神」與「日神精神」的對立，後來是「兩希傳統」即古希臘傳統和希伯來傳統的對峙，中世紀的理性與信仰、上帝之城與世俗之城、神道與人道，無不處於一種嚴重的衝突與鬥爭中。近代以來，西方倫理思想的二元對立格局更加突出，其鬥爭也無所不在。理性主義與非理性主義，絕對主義與相對主義，樂觀主義與悲觀主義，科學主義與人本主義，相互指責頡頏，構成倫理思想史的一道景觀。與西方倫理思想二元對立的發展格局有別，中國傳統倫理思想因其崇尚「道並行而不相悖，萬物並育而不相害」而具有多元一體的精神特質。中國倫理思想雖然也有對二元的推崇如陰陽、道器、體用、本末，但其所強調的二元始終不是一種緊張衝突或完全對立的關係，而是有機地統一於一體之中，並成為一體的兩面。不特如此，中國倫理思想還有對三元如天地人、性道教、身家國等的強調，以及對「一生二，二生三，三生萬物」等的描述，有對「四象」、「八卦」以及「三綱五常」等的論證，而這一切都不是散亂或不相關的，而是有機地聯繫在一起的。中國倫理思想如同中華文化一樣在其起源和發展過程中始終是多元發生而朝著一體聚合的，多元既相互辯難，又相互吸收，不斷為一體輸送「共識性」的理論營養，促進著中國倫理思想傳統的形成和發展。中國倫理思想傳統萌生於炎黃時期，炎黃即代表著一種多元思想的融合，並有了一些原初的價值共識。後經堯舜禹湯的不斷融合與推擴而獲得一些基本的基質，如對群體性和公共利益的置重，對和諧和秩序的嚮往，等等。至春秋戰國時代出現儒、道、墨、法等百家之爭鳴，諸家均把價值目標鎖定在「務為治」上，提出「德治」、「仁政」、「禮治」、「法治」、「無為而治」和「兼愛之治」等思想觀點，為建立統一的多民族國家和文化提供了可供選擇的治政之策。秦漢統一後，雖然確立了儒家倫理思想的獨尊地位，但是道家、法家仍然在發揮作用，並不時挑激儒家，魏晉隋唐時期儒釋道相互辯難論爭，

至宋明發展出一種以儒爲主融合佛道的理學倫理思想。在理學內部又有程朱系、陸王系之間的爭論，宋代還有蜀學、新學與洛學之間的論爭以及朱熹與事功之學的論爭等等。這些論爭從多元方面深化了對一體的價值認同，使得中華民族的倫理思想能夠不斷得以發展，形成一種多元一體的互補結構並獲得不斷更新發展的活力與動力。

2、生成發展的源遠流長性

與世界上其他倫理思想比較而言，中國倫理思想具有由古及今而又一脈相承的發展特點。在世界文化史上，多次出現過因異族入侵而導致文化或思想斷裂的歷史悲劇，如埃及文化因亞歷山大大帝佔領而希臘化、凱撒佔領而羅馬化、阿拉伯人移入而伊斯蘭化，印度文化因雅利安人入侵而雅利安化，希臘、羅馬文化因日耳曼蠻族入侵而中絕並沈睡千年，等等。只有中國倫理文化，歷經數千年而不絕，雖然也曾遭遇過種種挑激或風險，然而卻能憑藉自身強大的生命力、凝聚力和化育力一次次地轉危爲安，實現衰而復興，關而復振。梁啓超在《中國道德之大原》一文中指出：「數千年前與我並建之國，至今無一存者。或閱百數十歲而滅，或閱千數百歲而滅。中間迭興迭仆，不可數計。其赫然有名於時者，率皆新造耳。而吾獨自羲軒肇構以來，繼繼繩繩，不失舊物，以迄於茲，自非有一種美善之精神，深入乎全國人之心中，而主宰之綱維之者，其安能結集之堅強若彼，而持續之經久若此乎？」〔註13〕中華文明之所以能夠長期存在並不斷發展，有它自身所特有的倫理精神，這種倫理精神既是國家過去繼續成立之基，也是將來滋長發榮之具。美國學者伯恩斯和拉爾夫合著的《世界文明史》在論及古代中國文明時也認爲中國文明源遠流長，自古至今，不斷發展。中國文明「一旦出現，它就延續——並非沒有變化和間斷，但其主要特徵不變——到現代 20 世紀。中國文明儘管其形成較埃及、美索不達米亞或印度河流域晚得多，但仍然是現存的最古老的文明之一。它之所以能長期存在，其原因部分是地理的，部分是歷史的。」〔註14〕中國倫理思想崇尚和平仁愛，很少激起周邊國家的敵意和妒忌。中國人很少用武力把自己的意志強加給被征服民族，相反卻把同化被征

〔註13〕梁啓超：《中國道德之大原》，《梁啓超文選》（王德峰編選），上海遠東出版社 2011 年版，第 126 頁。

〔註14〕〔美〕伯恩斯、拉爾夫：《世界文明史》第一卷，北京：商務印書館 1987 年版，第 173 頁。

服民族，使之成爲倫理思想的受益者當作自己的天職。塔夫里阿諾斯在《全球通史》中亦有類似的認識：「與印度文明的鬆散和間斷相比，中國文明的特點是聚合和連續。中國的發展情況與印度在雅利安人或穆斯林或英國人到來之後所發生的情況不同，沒有明顯的突然停頓。當然，曾有許多遊牧部族侵入中國，甚至還取代某些王朝而代之；但是，不是中國人被迫接受入侵者的語言、習俗或畜牧經濟，相反，是入侵者自己總是被迅速、完全地中國化。」〔註15〕中國社會的發展不是像西方古代社會那樣表現爲一種革命變革，而是表現爲連續不斷的改良的進取和維新，所謂「周雖舊邦，其命維新」，與此相契合，中國倫理思想亦是世界倫理思想史上連續性倫理思想的範本，「闡舊邦以輔新命」成爲許多倫理思想家的精神追求和價值共識。

3、舊邦新命的常變統一性

　　中國倫理思想傳統在自己的發展歷程中，從「萬物並育而不相害，道並行而不相悖」的理念出發，崇尚「有容乃大」，主張包容會通，海納百川，並認爲「兼容並包」、「遐邇一體」才能「創業垂統，爲萬世規」。(《漢書·司馬相如傳》)道家主張虛懷若谷，「常寬容於物，不削於人」，提出了「善者吾善之，不善者吾亦善之」的思想。儒家荀子主張「目視備色，耳聽備聲」，「兼陳萬物而中縣衡焉」(《荀子·解蔽》)，只有超越私己的局限才能眞正把握「道」的眞諦。君子之所以隆師而親友，就在於師友能夠有助於自己道德修養使其達於完善。「得賢師而事之，則所聞者堯舜禹湯之道也；得良友而友之，則所見者忠信敬讓之行也，身日進於仁義而不自知也者，靡使然也。」(《荀子·性惡》)儒家倫理思想主張繼承傳統，但又主張對傳統作推陳出新的創化。湯之《盤銘》曰「苟日新，日日新，又日新」，《康誥》曰「作新民」。儒家從「道莫盛於趨時」、「日新之謂盛德」的思想認識出發，強調「以日新而進於善」。明清之際的王夫之強調「分言之則辨其異，合體之則會其通」，認爲「理惟其一，道之所以統於同；分惟其殊，人之所以必珍其獨」，〔註16〕主張「學成於聚，新故相資而新其故；思得於永，微顯相次而顯察於微。」〔註17〕只有博採眾家之長，「坐集千古之智」，才能夠有所創新和發展。現實

〔註15〕　〔美〕塔夫里阿諾斯：《全球通史》，吳象嬰等譯，北京：北京大學出版社 2005
　　　　　年版，第 155 頁。
〔註16〕　王夫之：《尚書引義》卷四，北京：中華書局 1962 年版，第 75 頁。
〔註17〕　王夫之：《周易外傳》卷五，北京：中華書局 1977 年版，第 183 頁。

生活中的萬象是「日生」，不斷發展變化的，象中之道，也必然隨著象的「日生」，不斷發展變化。「道之所行者時也，性之所承者善也，時之所承者變也；性載善而一本，道因時而萬殊也」。〔註18〕中國倫理思想對於外來倫理文化，包括佛教、基督教，亦能夠兼收並蓄，揚長避短，爲我所用。正是由於中華倫理文化具有極強的包容性和自我更新的能力，所以才能夠在繼承前人的基礎上不斷地推陳出新，革故鼎新，使思想與時偕行，實現自身的理論創新和發展。

三、中國傳統倫理思想的內容或實質性特質

源遠流長、博大精深的中國傳統倫理思想，在內容和精神實質方面呈現出如下基本特徵：

1、注目「天下有道」，以趨善求治為倫理的價值目標

倫理與政治因素聯姻，使倫理作用於政治生活，使政治體現倫理的精神和要求，是中國文化的一大特徵，更是中國倫理思想的基本特徵。王國維在《殷周制度論》中指出周代政治制度與道德的深刻聯繫，「古之所謂國家者，非徒政治之樞機，亦道德之樞機也。使天子、諸侯、大夫、士各奉其制度、典禮，以親親、尊尊、賢賢，明男女之別於上，而民風化於下，此之謂治。反是，則謂之亂。是故，天子、諸侯、大夫、士者，民之表也；制度、典禮者，道德之器也。」〔註19〕「周之制度、典禮，實皆爲道德而設。而制度、典禮之專及大夫、士以上者，亦未使不爲民而設也。周之制度、典禮，乃道德之器械，而尊尊、親親、賢賢、男女有別四者之結體也，此之謂民彝。」〔註20〕春秋戰國時期百家爭鳴，諸子風起，提出了各種倫理思想，但其要旨，誠如司馬談在《論六家之要旨》中所言，「夫陰陽、儒、墨、名、法、道德〔註21〕，此務爲治者也。」「務爲治」即是以尋求天下大治爲旨歸，把建構一種天下有道的秩序視爲自己的理論使命。先秦諸子高度重視治世之道

〔註18〕王夫之：《周易外傳》卷七，北京：中華書局1977年版，第285頁。

〔註19〕王國維：《殷周制度論》，參見《國學大師講國學》，北京：中國致公出版社2008年版，第194～195頁。

〔註20〕王國維：《殷周制度論》，參見《國學大師講國學》，北京：中國致公出版社2008年版，第195頁。

〔註21〕此所言「道德」是指道德家，亦即以老莊爲代表的道家。因老子所著《道德經》，被後人稱爲「道德家」。

的探討，渴望實現「天下有道」的倫理政治，提出了「德治」、「仁政」、「禮治」、「無為而治」、「兼愛之治」、「法治」等學說。漢代是倫理政治化和政治倫理化的典型時期，不僅出現了「以孝治天下」的倫理政治實踐，而且儒家倫理成為治國安邦的主流價值或意識形態。雖然漢以後，儒家倫理在政治實踐層面遭遇多重挑戰，但諸多思想家都把化解這種危機，建立長治久安的倫理政治秩序作為思維的重心。宋明理學家一方面吸收佛道兩家的思辨來充實儒家倫理的根基，另一方面又以「為天地立心，為生民立命，為往聖繼絕學，為萬世開太平」來激勵自己，冀望自己的倫理思想能夠對社會的治道產生影響。朱熹強調「內聖之學」兼有「修身」與「治平」雙重功能，他發揮孔子「下學而上達」之義，認為應當在深研人事的「下學」方面多下功夫，「上學」才有根基。陸九淵、王陽明雖十分強調內聖，推崇「自作主宰」，亦以「平治」為己任，時人稱王陽明「事功道德，卓絕海內」。明清之際的顧炎武、黃宗羲、王夫之及至顏元、戴震無不以「明道救世」之價值高標，崇尚經世致用，把「斡旋乾坤，利濟蒼生」視為「聖賢」的基本標準，嚮往「建經世濟民之勳，成輔世長民之烈，扶世運，奠生民」。中國倫理思想以趨善求治為自己的價值追求，試圖為政治的治理提供倫理的方略和道德的智慧，並把政治倫理化和倫理政治化視為終生為之奮鬥的人生理想和社會理想。

2、立於「家國同構」，以「親親」、「尊尊」為基本的道德規範

中國的宗法制及宗法社會保留著氏族社會重視家族血緣關係的傳統和認同，「家國同構」是其顯著特徵。家是國的縮小，國是家的放大，家庭的基本結構與成員間的親情關係被推而廣之地用作為國家的政治結構原則和社會的人際倫理範型，它是以家庭與國家之間、倫理與政治之間的雙向運動為機制的，突出了以個人德性為核心、家庭為本位、以國家政治為宏闊指向的修養程式：從個人的角度看是身修而家齊，家齊而國治，國治而天下平；從國家的角度看是天下之本在國，國之本在家，家之本在身，認為「君子之事親孝，故忠可移於君；事兄弟，故順可移於長；居家理，故治可移於君」（《孝經·廣揚名》），相同的，「其為人也孝悌，而好犯上者鮮矣，不好犯上而好作亂者，未之有也」（《論語·學而》）。它有一整套家族政治化、政治家族化的相應各個階層的具體道德規約和行為標準，其基本要義是「親親」、「尊尊」，即親愛血緣親族或雙親，尊敬尊貴者或長上。《禮記·大傳》有言，「上治祖彌，尊尊也；下治子孫，親親也；旁治昆弟；合族以食，序以昭穆，別

之以禮義，人道竭矣。」「親親」、「尊尊」是基本的不可變易的道德規範，也是聖人南面而治天下的基礎或法寶。「是故人道親親也。親親故尊祖，尊祖故敬宗，敬宗故收族，收族故宗廟嚴，宗廟嚴故重社稷……」《禮記·禮運》進一步對「親親」、「尊尊」原則作出細化，指出：「何謂人義？父慈，子孝、兄良、弟弟、夫義、婦聽、長惠、幼順、君仁、臣忠十者，謂之人義。」只有嚴格按照「人義」的要求行為，才能夠正君臣，篤父子，睦兄弟，齊上下，使天下達到有道。漢代將「親親」、「尊尊」發展為「三綱五常」（君為臣綱、父為子綱、夫為妻綱，仁、義、禮、智、信）或「三綱六紀」，「三綱者，何謂也？謂君臣、父子、夫婦也。六紀者，謂諸父、兄弟、族人、諸舅、師長、朋友也。故《含文嘉》曰：「君為臣綱，父為子綱，夫為妻綱。」又曰：「敬諸父兄，六紀道行，諸舅有義，族人有序，昆弟有親，師長有尊，朋友有舊。」（《白虎通義》）儒家倫理思想最為推崇家庭的價值和倫常的意義，並以此為基準來理解個人、社會、國家和世界。教忠教孝成為儒家倫理思想的主旨和核心。隱含在「修身、齊家、治國、平天下」之政教理想中的基本秩序，實以家庭倫常為樞紐：倫常不僅對於個人的身份認同具有根本性的建構作用，而且也是社會、國家乃至世界秩序的規範性力量。家庭中的倫理關係被認為是確立人的身份認同的最原始、也是最核心的要素。在中國倫理思想傳統中，如果說「身」必須在「家」中確立，那麼，對「國」與「天下」的構想也同樣以「家」為模子，此所謂以國為家、天下一家。

3、注重義利之辨，以重義輕利為核心的價值觀念

中國倫理思想有重視義利之辨的傳統。一些學者甚至認為，義利之辨是「人生之大防」，「為學之根本」，「治亂之總綱」，其他諸如人禽之辨、王霸之辨、志功之辨、理欲之辨、才性之辨、仁富之辨等莫不是義利之辨的展開和拓展。正因為這樣，代不乏人的思想家競相注目於義利關係的探討，提出種種關於義利問題的見解學說，春秋戰國、兩漢、兩宋、明清時期更將這種義利之辨推向了高潮。總體而言，中國歷史上的義利之辨，主張重義輕利、以義制利、先義後利的觀點始終占主導地位，先利後義、重利輕義甚或義利兩行的觀點雖然時有產生，但始終不占主導地位。董仲舒繼承並發展了孔孟儒家先義後利、以義制利和重義輕利的思想，從對「心之養」和「體之養」不同功能和作用的分析得出了「正其誼不謀其利，明其道不計其功」的結論。宋儒無論是程朱系亦或是陸王系無不沿著這一思路前進，強調「不論利害，

惟看義當爲與不當爲」。明清之際的王夫之更說，「生以載義生可貴，義以立生生可捨」。「中國傳統道德價值觀的這一特點，是中國古代宗法制和高度集中的君主專制主義的產物。在宗法制和君主專制的統治下，個人利益對於群體利益的關係，既依附又對立：個人沒有獨立自主的經濟權利，更不允許發展個人利益去超越家族和國家的利益，從而形成了個人利益必須絕對服從和從屬於家族、國家利益的要求。」〔註22〕這種利益關係的格局及其要求必然是「惟看義當爲不當爲」的道義論價值觀。這一傳統的道義論倫理價值觀，規定了道德價值的取捨、道德評價的依據、理想人格的內涵以及道德教育、道德修養的標準，對中華民族數千年的倫理文化產生了深遠而複雜的影響。

4、力倡貴和樂群，以和而不同為接物應對的良方

與西方神人二元的倫理互競截然不同，中國倫理思想則強調天地人之間的和諧共生，並認爲人應當效法天地之道，率天載義，體天恤道，是故「天行健君子以自強不息」，「地勢坤君子以厚德載物」。道家亦有「人法地，地法天，天法道，道法自然」的認識，主張建立一種天道與人道協同共振的倫理思想體系。中國傳統倫理思想崇尚人與人、人與社會之間乃至人與自然之間的和諧。史載堯「平章百姓」，「協和萬邦」，孔子說，「禮之用，和爲貴」，孟子指出，「天時不如地利，地利不如人和」。道家提出，「萬物負陰而抱陽，沖氣以爲和」，認爲和諧是道的基本屬性和表現形式。莊子明確提出「與天和」和「與人和」的命題，主張爲了實現「與天和」和「與人和」首先必須實現「心和」，以平靜祥和的心態去處理各種人際關係，並以知足、不爭和無爲去達致「人和」。墨家致力於和諧人際關係與和諧天下的建構，提出的「兼相愛，交相利」旨在破除人與人、家與家、國與國不和諧的狀態，墨家所嚮往的是一個貴不傲賤，富不侮貧，強不欺弱，人人都能相親相愛、平等互助的社會或世界。中國倫理文化重視和諧，認爲和諧、和平、和睦是一個值得追求的理想目標與關係狀態，常常表現爲一種最高的道德期許。在人際關係中，和不是無原則的附和，而是保持獨立性和個性，「和而不流」。孔子不滿意顏回完全贊同自己觀點的做法，說，「回也非助我者也，於吾言無所不悅。」「君子和而不同，小人同而不和。」中國倫理文化倡導的和諧觀念，滲透到了中華民族的世界觀人生觀和價值觀的各個方面，形成了中華民族崇尚中庸、講

〔註22〕朱貽庭主編：《中國傳統倫理思想史》，上海：華東師範大學出版社1989年版，第28頁。

求中和、不走極端的思維方式，培養了中華民族謙恭禮讓、仁民愛物、顧全大局，克己奉公和愛好和平的精神，成為中華民族具有強大的生命力和凝聚力的思想文化根源。

5、講求尊道貴德，以心性修養為安身立命之本

在中國倫理思想中，「立德」比「立功」、「立言」更加有意義，德被認為是一個人的立身之本，無論這個人身處何種社會階層或處何種社會地位。儒家十分重視個人的德性修養，提出了「上至天子下至庶人，壹是皆以修身為本」。孟子從總結三代興亡經驗教訓的高度提出「三代之得天下也以仁，其失天下也以不仁，國之所以廢興存亡者亦然。天子不仁，不保四海；諸侯不仁，不保社稷；卿大夫不仁，不保宗廟；士庶人不仁，不保四體」（《孟子・離婁上》），將仁與不仁視為統治者能否「王天下」、保社稷的關鍵，視為士、庶人能否安身立命的根本。道家《老子》也主張「尊道貴德」，提出：「修之於身，其德乃真；修之於家，其德乃餘；修之於鄉，其德乃長；修之於邦，其德乃豐；修之於天下，其德乃普。」（《老子・五十四章》）只有鞏固修身之要基，才可以立身、為家、為鄉、為邦、為天下。墨家主張嚴格要求自己，強化自己的道德修養，指出「君子察邇而邇修者也。見不修行，見毀，而反之身者也，此以怨省而行修矣。」（《墨子・修身》）吳起在與魏文侯關於國家之寶的對話中旗幟鮮明地提出國家朝廷之寶「在德」而不在於「河山之險」。並指出：「昔三苗氏，左洞庭，右彭蠡，德義不修，禹滅之。夏桀之居，左河濟，右泰華，伊闕在其南，羊腸在其北，修正不仁，湯放之。商紂之國，左孟門，右太行，常山在其北，大河經其南，修政不德，武王殺之。由此觀之，在德不在險。若君不修德，舟中之人皆敵國也。」（《資治通鑒・周紀一》）司馬光在談到智伯之亡時將其歸結為「才勝德」，並指出「自古昔以來，國之亂臣，家之敗子，才有餘而德不足，以至於顛覆者多矣，豈特智伯哉？」在司馬光看來，「才者，德之資也；德者，才之帥也」，（《資治通鑒・周紀一》）只有以德御才而不是恃才輕德，才能夠真正幹出有正面意義的作為和建樹，反之就會演繹出歷史和人生的悲劇。宋明時期理學家十分強調德性的修養和動機的純粹，強調「先立乎其大」、「收拾精神，自作主宰」，提出了「居敬」、「窮理」、「自存本心」、「省察克治」等一系列關於道德修養的命題和觀點，促進了中國倫理思想關於道德修養理論的發展與完善。

此外，講求仁民愛物，主張天下為公，也是中國傳統倫理思想的基本特

徵。「中國傳統道德的核心及其一貫思想，就是強調爲社會、爲民族、爲國家、爲人民的整體主義思想。」〔註23〕從《左傳》的「苟利國家生死以之」到范仲淹的「先天下之憂而憂，後天下之樂而樂」，從周公的「一飯三吐哺」到顧炎武的「天下興亡匹夫有責」，從屈原的「哀民生之多艱」到陸游「死去原知萬事空，但悲不見九州同。王師北定中原日，家祭毋忘告乃翁」，都體現出了一種「國而忘家，公而忘私」的愛國主義精神。這種愛國主義精神凸顯了國家民族利益的至上性，積澱爲一種民族的倫理正氣，並借助於儒家「殺身成仁」、「捨生取義」的價值追求，成爲民族倫理精神的靈魂或樞紐，激勵著一代又一代華夏兒女爲國家民族的整體利益去奮鬥，用其丹心書寫著中華民族承前啓後、繼往開來的壯麗史詩。

中國傳統倫理思想的價值特質，積澱著中華民族最深層的精神和價值追求，包含著中華民族在不同歷史時期和階段形成的核心價值觀念和崇尚的道德品質，已經成爲中華民族爲人處世、待人接物的精神文化基因，不僅富含獨特的東方神韻，構成我們民族倫理精神的源頭活水，而且也是我們民族生生不息的動力源泉，是我們建設社會主義新倫理必須大力弘揚和發掘的豐厚思想資源。

2013 年 5 月 12 日於湖南長沙市嶽麓山下景德村

〔註23〕羅國傑：《中國傳統道德‧編者的話》，北京：中國人民大學出版社 1995 年版。

目次

導　論

　　漢昭帝始元六年（公元前 81 年），下詔各郡國推舉的賢良、文學人士聚集京城，調查民間疾苦。這次聚會上，賢良、文學們提出，鹽鐵官府壟斷專營和「平準均輸」等經濟政策是造成百姓疾苦的主要原因，所以請求廢除鹽、鐵和酒的官府專營，並取消均輸官。上述措施是在桑弘羊做大司農時親自主持執行的政策，所以，此時官為御史大夫的桑弘羊當然反對，結果雙方展開了一場激烈的辯論，這就是著名的鹽鐵會議。之後，桓寬整理鹽鐵會議記錄撰成《鹽鐵論》。《鹽鐵論》是比較客觀地記錄當權派和非當權派關於國家的財政、經濟、外交、文化等大政方針問題爭論的著作，使我們在兩千多年後的今天，不僅能夠對當時的政治、經濟、軍事、外交有所瞭解，而且也能夠對統治階級內部關於為政方針的哲學基礎和經濟倫理加以瞭解。所以許多人稱該書是一部空前絕後的奇書。

一、關於《鹽鐵論》研究的綜述

1、關於《鹽鐵論》的一般研究

　　有關《鹽鐵論》的研究，1949 年以前取得的成果不多。目前能查到的只有《中國經濟史》（馬乘風著），其中有關於《鹽鐵論》的論述。專門的著作有林振翰校《鹽鐵論》，但僅為校本。真正理論意義上的關於《鹽鐵論》的研究，是從 1963 年出版的《中國經濟思想史》（胡寄窗著）開始。該書講述的是經濟思想史，與本文的研究角度不完全相同。但要研究經濟倫理思想史，該書是入門必讀。

　　《中國經濟思想史》專門爲桑弘羊闢出一章，標題是「桑弘羊與鹽鐵爭議」。第一節論述桑弘羊的歷史地位。認爲桑弘羊對西漢帝國作出了貢獻，而且對中國封建地主經濟的建立與鞏固，起了很大的作用。第二節講述桑弘羊的重商理論。指出桑弘羊的基本觀點是否定農業致富，強調經商才是致富的本源，主張對外貿易。接著該書用兩節來闡述桑弘羊的經濟概念和經濟措施。經濟概念包括：反兼併與經濟上的干涉主義，就是以政治強力介入經濟；貧富由智愚、勤惰決定，贊同國富民貧；主張統一貨幣，穩定價格；主張奢靡；增加對山澤的徵收，不增田賦。經濟措施包括：鹽、鐵、酒專賣；均輸；平準；屯墾；統一幣制。該章第五節介紹「桑弘羊反對派的經濟觀點」。按其表述，賢良、文學方面的主要觀點有：重義輕利；重農輕商；反兼併；不患寡而患不均；井田制；不贊成貨幣流通；反對對外貿易；崇尚節儉，反對奢侈；「王者不積聚，下藏於民」等。該章賦予了桑弘羊許多溢美之詞，認爲他是了不起的歷史人物，他的經濟措施奪去了大地主集團的若干利益，而他的反對派是代表大地主階級利益的，「桑弘羊經濟措施的反對派是很廣泛的。他的這些經濟措施奪去了地主階級尤其是大地主集團若干既得利益；在商業上所採取的若干政策，使中小工業商業者和一般消費者感到不便；而官僚士大夫、御史集團卻在思想意識上對桑弘羊的經濟措施存在著無關於措施本身好壞的強烈階級反感。其中以代表大地主階級利益的儒家的反對意見爲最突出，具體表現在鹽鐵會議中賢良、文學的經濟觀點上。」〔註1〕這樣的說法，直接將賢良、文學置於無理的地位。《中國經濟思想史》一書言必有據，材料豐富。所概括的大夫、御史與賢良、文學兩方面的觀點，都切中要害，絕少錯誤。但是，作者本人的觀點卻不無可議之處。比如第六節「鹽鐵爭議所體現的階級矛盾和政治矛盾」，單看標題就有貼標籤之嫌。不過，這是特定歷史階段的烙印。

　　徐復觀著《兩漢思想史》，對《鹽鐵論》的經濟思想作了一定的研究。該書是一部三卷本的大作。在第三卷裏有專門研究《鹽鐵論》的論文，即《鹽鐵論中的政治社會文化問題》。〔註2〕作者在此書中除作一般介紹外，第 4 節

〔註 1〕 胡寄窗：《中國經濟思想史》（中）第 105～106 頁，上海：上海人民出版社，1963 年。

〔註 2〕 徐復觀：《兩漢思想史》第三卷第 73～131 頁，上海：華東師範大學出版社，2001 年。

分析雙方爭論的原則性問題，第 5 節談論（對雙方來說）其中的利害關係，第 6 節分析邊疆政策的分歧，第 7 節分析社會問題。該書最大的成就是歸納出賢良、文學一方與大夫、御史一方爭論的原則性問題：賢良、文學一方有三條原則：一是主張興教化，把政府辦成一個大的教育機構，要達到「興惡遷善而不自知」的目的；二是崇本退末，充實菽粟貨財，保持農村純樸的風俗和安定的社會秩序，這是經濟上的大原則；三是反對朝廷的鹽鐵專賣，反對官營工商業，主張藏富於民。大夫、御史一方有四條原則：一是因應武帝開邊政策的需要，繼續推行戰時的財政經濟政策；二是本末俱利，實際是重商；三是強力控制政治和經濟；四是繼續推行鹽鐵專營和平準均輸。雙方在原則問題上各不相讓。《兩漢思想史》指出鹽鐵會議雙方爭論中所反映出來的社會問題，包括流民問題，官吏階層的奢侈淫靡所造成社會生產力的大浪費，徭役的繁重、遙遠和長期，以及婚姻、喪葬、迷信、風俗敗壞問題等等，如果不正視、不解決，將影響社會的長治久安，以至於導致社會崩潰和政權倒臺這樣震撼性的結局。我們認為，單論《兩漢思想史》對《鹽鐵論》本身的理解，已經非常精到透徹。就總體而言，本文與《鹽鐵論中的政治社會文化問題》所表述的思想，是基本一致的。當然，有些方面的看法與《兩漢思想史》的觀點並不完全相同。例如關於文化背景的思考。徐復觀認為：「此次的爭論，完全是以現實問題為對象，他們立論的根據，是他們所掌握的事實，不是由他們由典籍而來的思想文化。」〔註3〕，我們認為，辯論現實問題，怎麼可以不以思想文化為依據呢？其說有失偏頗。雙方辯論，根據的都是事實，但同一事實，為什麼會導致截然不同的兩種結論呢？當然是由於所處地位不同的緣故，同時又不可否認，也有雙方不同文化背景的緣故。

　　研究《鹽鐵論》的文章或書籍還有梁效的文章《讀鹽鐵論》〔註4〕。發表在特定的歷史時期，除了定性以外，沒有學術價值。同期還出版了一些以評法批儒為目的的《鹽鐵論》全本，由大學與工廠聯合署名，乏善可陳。上個世紀 90 年代，學術界出版了幾本有關著作，如《鹽鐵論——富國之道》，〔註5〕《評析本白話鹽鐵論》。〔註6〕在此不一一評述。此外，研究《鹽鐵論》的

〔註3〕徐復觀：《兩漢思想史》第三卷第 115 頁，上海：華東師範大學出版社，2001年。
〔註4〕《紅旗》，1974 年 5 月。
〔註5〕劉揚著，瀋陽：春風文藝出版社，1992 年。
〔註6〕王寧著，北京：北京廣播學院出版社，1992 年。

文章有：田餘慶《鹽鐵論和西漢社會》〔註7〕；周乾溁《對鹽鐵會議的重新評價》〔註8〕丁毅華《鹽鐵會議論戰性質辨析》〔註9〕；施丁《秦漢豪族的呼聲——讀桓寬《鹽鐵論》」〔註10〕，等。

2、關於《鹽鐵論》經濟倫理思想研究

關於《鹽鐵論》經濟倫理思想研究，首先應提到的是《從〈鹽鐵論〉看中國古代的經濟思想》（何煉成）。〔註11〕該文指出《鹽鐵論》的內容涉及了經濟學以下幾大問題：（1）義利的關係問題。賢良、文學首先提出「抑末利而開仁義」，作為罷鹽鐵的理由。大夫、御史則以「蓄貨長財，以佐助邊費」，論證鹽鐵專賣的必要性。（2）本和末的關係問題。賢良、文學一方提出「末盛則本虧，末修則民淫」，要求「進本退末、廣利農業」。大夫、御史一方則強調商的重要性，提出「本末並利」，認為「富國何必用本農，足民何必井田」。（3）國家政權和社會經濟關係問題。賢良、文學一方主張「百姓各得其便，而上無事」，反對國家干涉經濟。大夫、御史則認為干預經濟，才能充實國庫，抑制豪強，保護百姓，才可以「流有餘而調不足」，「賑困乏而備水旱」。（4）輕重關係問題。該問題「主要是如何利用商品貨幣關係和價格槓杆進行經濟管理的問題」。〔註12〕大夫、御史一方主張山海國有，推行鹽鐵壟斷和平準、均輸政策，賢良、文學反對。（5）德治和法治問題。（6）變古和復古的問題。

該文自認為所研究的是「經濟思想」問題，但鹽鐵會議上的辯論，「一個是關於輕重政策功過、利弊的辯論，另一個是關於輕重政策是非善惡問題的辯論」，「如果說前者只是一個經濟學或政治經濟學問題，那麼，後者則是一個經濟倫理學問題。」〔註13〕也就是說，該文所列出的 6 個問題，換一個角度來看，全都是經濟倫理學問題。我們認為，該文指出賢良、文學一方代表農業自然經濟，大夫、御史一方代表農業商品經濟，這種看法有合理的一面。

〔註 7〕 廣州：《學術研究》，1984 年 2 月。
〔註 8〕 天津：《天津師大學報》，1991 年 6 月。
〔註 9〕 天津：《天津師大學報》，1994 年 4 月。
〔註 10〕 上海：《學術月刊》，1999 年 11 月。
〔註 11〕 何煉成：《從〈鹽鐵論〉看中國古代的經濟思想》，載陳學超主編《國際漢學論壇》，第 219～233 頁，西安：西北大學出版社，1994 年。
〔註 12〕 何煉成：《從〈鹽鐵論〉看中國古代的經濟思想》，載陳學超主編《國際漢學論壇》，第 225 頁，西安：西北大學出版社，1994 年。
〔註 13〕 唐凱麟等：《中國古代經濟倫理思想史》第 271 頁，北京：人民出版社，2004年。

但如果通篇站在法家立場上批駁儒生，這一立場值得商榷。再有其它言猶未盡的地方，例如，認爲文景時以黃老爲名而實行法家政治，「內法外老」，〔註14〕不知何據；另外，該文對《鹽鐵論》文本的理解也有可探討之處（例如對「執準守時」的解釋）。

　　唐凱麟、周俊敏等對鹽鐵論的經濟倫理思想進行了創造性的研究。唐凱麟和陳科華發表的《「輕重之辨」——〈鹽鐵論〉的經濟倫理思想意蘊》一文，〔註15〕此文是唐先生《中國古代經濟倫理思想史》〔註16〕關於《鹽鐵論》部分的節錄，是長篇中的一個短篇。文章把《鹽鐵論》中所體現的經濟倫理意蘊放在中國經濟倫理的歷史長河中來觀察，高瞻遠矚，有鮮明的導向意義。文章在介紹《鹽鐵論》的背景之外，主要包括三大部分。第一部分說賢良、文學有背離傳統儒家的傾向：他們把義與利完全對立起來；不支持爲反擊匈奴入侵而推行的鹽鐵政策，與孔子謹華夷之辯的思想矛盾；全然不言利，背離了儒家足民惠民傳統。第二部分闡述商家的倫理地位問題。重農抑商本是法家的理論，現在賢良、文學接過來，說明儒法合流的趨向。賢良、文學認爲商人求末利與儒家的仁義學說不可兩立。工商所帶來的利益，並不是社會財富的增加。而桑弘羊重商，以爲「富在術數，不在勞身」，並認爲求利是正當的行爲，士也不例外。賢良、文學還從商人的職業特點來貶抑商人，用當代語言表達，就是把「商」與「奸」緊密連在一起。桑弘羊沒有就此作出回應，但他提出節奢刺儉的觀點，以與賢良、文學純樸節儉的主張相抗衡。第三部分：賢良、文學把本利與仁義聯繫起來，說明他們也開始從理想的道德主義向言利的現實主義走近，是新的功利主義的先導。

　　周俊敏關於《鹽鐵論》經濟倫理思想的研究見於其文《〈鹽鐵論〉中蘊含的經濟倫理思想》〔註17〕。文章所論包括：（1）大夫、御史與賢良、文學關於義利問題的爭論。（2）對農、工、商業的態度。這兩個問題相當於何煉成文章的義和利的關係，本和末的關係問題。（4）對鹽、鐵、酒榷、均輸、鑄幣政策的態度。這與何文的輕重關係論約略相當。（5）消費倫理觀。這一條

〔註14〕何煉成：《從〈鹽鐵論〉看中國古代的經濟思想》，載陳學超主編《國際漢學論壇》第227頁，西安：西北大學出版社，1994年。

〔註15〕長沙：《船山學報》第42～45頁，2004年3月。

〔註16〕《中國古代經濟倫理思想史》第269～277頁，北京：人民出版社，2004年。

〔註17〕周俊敏：《〈鹽鐵論〉中蘊含的經濟倫理思想》，石家莊：《經濟論壇》第70～71頁，2003年5月。

爲何文所無。但從經濟倫理來說，這一條又是不可以缺少的。（6）管理倫理觀。與何文「德治與法治」論大體相當。但周文的提法更爲中肯：賢良、文學主張德治，反對嚴格的法令條文。大夫、御史主張嚴明法治，讚揚商鞅的刑名之術，認爲那樣才能治國安民。我們認爲《鹽鐵論》的確涉及德治與法治的關係問題，但這不是他們爭論的焦點，雙方也沒有就此進行針鋒相對的辯論，而且有更爲劇烈的爭執需要梳理出來，所以不擬作爲問題來詳加論述。

此外，論文《〈鹽鐵論〉中兩種對立的經濟倫理觀》〔註18〕（竇炎國）對本文的寫作也有一定的啓發意義。該文提出《鹽鐵論》主要有 4 個爭論：樂貧與求富之爭，力耕與通有之爭，富民與富國之爭，禮治與法治之爭。該文所談到的安貧與樂富，恐未構成一對矛盾。因爲賢良、文學並非要求人民只安貧，而大夫、御史要求人民只樂富；恰當的解讀應該爲，賢良、文學有安貧樂道的思想，大夫、御史則有安享尊榮富貴的思想。

二、選題的依據與意義

經濟倫理學是以社會經濟生活中的道德現象爲研究對象，涵蓋宏觀經濟制度、中觀經濟組織和微觀經濟關係中所有與道德有關的經濟問題的一門新興交叉學科。其學科性質，規定了其研究方法的獨特性，即在經濟學和倫理學之間，尋求切合點，架通由此達彼的橋梁，對於兩者進行溝通、融合。

當代意義上的經濟倫理學作爲一門獨立的分支學科，興起於 20 世紀 70 年代至 80 年代的美國。當時美國社會出現了一系列問題：一是大規模介入越南戰爭；二是化學污染、核廢料及有毒廢棄物不斷惡化人類的生存環境。企業只顧賺錢、缺乏社會良知的行爲遭到了公眾的強烈批評。美國的商學院由此開設了相關的研究課程，導致了經濟倫理學的出現。80 年代以後，國外經濟倫理學進入了全面發展的新階段。經濟倫理學從美國和日本擴展到了加拿大、西歐、澳大利亞和東南亞等地。各個國家根據本民族經濟文化的特點，建立了不同的經濟倫理模式。同時經濟倫理學開始進入了各國的大學，成爲一門重要的必修或選修課程。在這一時期，經濟倫理學的研究和交流機構亦紛紛建立，經濟倫理學的專門刊物正式創刊。例如，80 年代，美國、加拿大和西歐的 30 所大學建立了應用倫理學研究中心。

〔註18〕濟南：《齊魯學刊》第 27～31 頁，2006 年 6 月。

　　國外經濟倫理學的興起對我國倫理學界產生了廣泛的影響。但是經濟倫理學成爲當前我國倫理學界理論探討的熱點，最深刻的基礎還是社會主義市場經濟實踐及其發展。1978 年，中國共產黨十一屆三中全會決定把全黨的工作中心和全國人民的注意力轉移到社會主義現代化建設上來。1992 年初，鄧小平同志最終確定了我國建立、完善社會主義市場經濟體制的改革方向，從而也最終確立了我國以經濟建設爲中心的現代倫理道德取代具有強烈政治色彩的傳統倫理道德的社會基礎。但是在經濟建設取得有目共睹的成績的同時，經濟生活中也出現了不少倫理道德問題。經濟中「不道德」的現象凸顯了經濟倫理學建設的必要性與緊迫性，促使其成爲社會科學的一門顯學。現在學人們關注、討論的問題已不是「要不要經濟倫理學」的問題，而是建設什麼樣的經濟倫理學，如何建設經濟倫理學，以及如何從更深刻的層次上揭示經濟倫理學建設的意義，發揮其作用的問題。通過對《鹽鐵論》包含的豐富的經濟倫理思想進行事實的描述，並結合社會主義市場經濟發展的實踐坐標對此作價值的評判，無疑有助於對這些「重大問題」的解決。

　　其一、研究《鹽鐵論》的經濟倫理思想有助於挖掘我國傳統經濟倫理思想資源，深化我國經濟倫理思想研究。我國經濟倫理學研究的在上個世紀 90 年代起步。近年來迅速發展，其主要表現有三：一是大量翻譯了國外當代經濟倫理學方面的著作，開拓了國內研究者的視野；二是開展了對經濟倫理學基本理論的研究；三是開展了對中外經濟倫理思想史的研究。作爲研究中國經濟問題的中國學者，作爲經濟倫理學的研究者，自然不能將中國數千年的經濟倫理思想及其傳統排斥在研究的視野之外。目前，學術界在中國經濟倫理思想史研究方面已取得不少成果，其代表成果有：《中國經濟倫理學》（王小錫，1994 年）、《中國傳統經濟倫理思想》（朱林、溫冠英、羅蔚，2002 年）、《中國古代經濟倫理思想史》（唐凱麟、陳科華，2004 年）、《義利觀與經濟倫理》（王澤應，2005 年）以及一大批論文。但是研究現狀仍不能滿足我國經濟發展實踐的需要，我們需要更進一步深刻理解、發掘我國優秀傳統經濟倫理思想。

　　系統、全面地研究《鹽鐵論》的經濟倫理思想便是挖掘我國傳統經濟倫理思想資源，深化我國經濟倫理思想研究之必需。《鹽鐵論》共分六十篇，標有題目，內容前後相連。雖然作者桓寬的思想和賢良、文學人士基本相同，書中不免有對大夫、御史的批評之詞，但基本做到了如實的紀錄。書中語言

精練，對各方的記述也頗爲生動，爲現代人再現了當時的情況，是研究中國古代經濟思想的重要資料。《鹽鐵論》記述和表達的經濟倫理觀的對立和爭論，本質上是當時社會經濟矛盾及其客觀要求的反映。但是源自春秋戰國百家爭鳴時期儒、墨、法、道、術諸家觀點的影子卻在兩種經濟倫理觀的理論內容中清晰可見。相對來說，賢良、文學更多地繼承了儒家的學說，而大夫、御史則較多地採擷了法家經濟倫理思想，兩派以各自信奉的理論爲依據，根據自己對問題的觀察與思考，各抒已見，彼此攻訐。從這個角度也可以說，《鹽鐵論》所記述和表達的兩種經濟倫理觀，既是彙集春秋戰國儒、法諸家爭鳴之大成，又是開啓後漢歷代儒學內部爭論之先河。例如自漢以後歷代，特別是宋、明、清時期，儒家內部的義利之爭十分激烈，並逐漸展開爲極端對立的兩派：道義論主張「存天理、滅人欲」，「大公無私」；功利論主張「遂人欲」，「達人情」，「人必有私」。這極端對立的兩派，其基本觀點和大體思路，其實在《鹽鐵論》中就已可見明顯的端倪。由此可見《鹽鐵論》所記述和表達的兩種對立的經濟倫理觀深刻反映的是當時封建經濟的內部矛盾、其思想卻是先秦以來的中國傳統經濟倫理思想的總結與提升，影響力所及則是久遠的中國封建經濟的發展及中國經濟倫理思想的發展。所以《鹽鐵論》是研究中國傳統經濟倫理思想的絕好資料，在中國古代學術思想史上具有不可低估的重要地位。然而，正如本文在研究綜述中所指出的，從我國目前的研究現狀來看，我們對《鹽鐵論》所做的研究工作還很不夠，其學術價值雖然得到公認，但專門的深入研究卻相對缺乏，與其在經濟倫理思想上的重要地位不相稱。

其二、研究《鹽鐵論》的經濟倫理思想對建設具有中國特色的社會主義經濟倫理學有重要的促進作用。無可否認，現代市場經濟的理論原型和實踐經驗都是來自於西方，而西方經濟倫理理論與西方市場經濟是配套的。一些研究者因此認爲，既然市場經濟及其經濟倫理學起源於西方，我國經濟倫理的研究重點就應該從西方經濟倫理學著作中吸取精華，而我國傳統的經濟倫理思想糟粕太多，不值得投入過多的研究精力。其實，市場經濟的性質取決於與它相結合的社會制度。我國的市場經濟是與社會主義基本制度結合在一起的，是在社會主義國家宏觀調控下的市場經濟。從倫理的視角看，社會主義市場經濟的倫理觀既體現市場經濟的倫理精神品格，又體現社會主義制度的倫理要求。所以，社會主義市場經濟更需要倫理觀念的支撐。而且社會主義市場經濟倫理觀應與資本主義的市場經濟倫理觀有本質的區別。例如，社

會主義的性質必然要求市場經濟與社會主義的義利觀相適應。這種義利觀要求把國家和人民利益放在首位，並且尊重個人的合法利益，如果離開自己賴以生存和發展的社會群體，不顧甚至損害國家、集體和他人利益，惟利是圖，見利忘義，那就會導致整個社會陷於利益衝突的混亂之中，市場的正常交易就無法進行，結果獲取個人的贏利就會成為泡影。

那麼如何建設具有中國特色的社會主義經濟倫理學呢？從經濟倫理學的學科建設來看，通過研究經濟倫理思想史，從中發現經濟倫理思想發展的一般規律，就是構建社會主義經濟倫理學的必由之路。《鹽鐵論》記錄的是賢良、文學與大夫、御史關於民間疾苦的原因、同匈奴的和或戰的政策以及治國方略的交鋒，以及關於義利問題（可視為精神和物質關係）、官營和民營（可視為政權和經濟關係）、本和末（可視為農業和工商業關係）、貧和富（可視為生產和消費關係）的原則爭論。這些爭論為今天我們處理社會主義市場經濟建設中複雜的經濟倫理問題提供了寶貴的經驗和重要的啓示。今天我們研究《鹽鐵論》的經濟倫理思想，不是為了發思古之幽情，重要的目的是開發這座經濟倫理思想的思想富礦，促進中國特色的社會主義經濟倫理學的建設與發展。實踐這種要求絕不意味我們可以拒絕對外來文化的吸收，但我們強調任何一種外來的文化、包括先進文化，要想在本土取得成功，必然要與中國的國情相結合。而所謂的中國國情，我們認為當然包括文化國情。因此本論文研究的雖是傳統文化，實際上也是為在中國特色的的社會主義經濟倫理學建設的主題下，為西方經濟倫理思想的中國化的途徑進行謀劃。

其三、研究《鹽鐵論》的經濟倫理思想有助於增強中華倫理文化的國際影響力，提升國家文化「軟實力」。「軟實力」的概念是美國哈佛大學教授小約瑟夫奈於 1990 年提出來的。他指出，一個國家的綜合實力既包括由經濟、軍事、科技表現出來的硬實力，也包括由文化和意識形態吸引力所體現出來的軟實力。軟實力概念提出後，得到了世界各國的廣泛認可，在中中共產黨的十七大報告中，胡總書記的一系列講話中，也提到了要提升國家軟實力的問題。

我國在文化軟實力上具有先天的優勢，因為我們有博大精深，影響廣遠的中國傳統文化。以儒家文化為代表的中華傳統文化的強大，在古代體現為對周邊地區的巨大輻射力和吸引力上，在現代體現為對亞洲各國經濟起飛的促進作用上。日本著名的企業家澀澤榮一所著《〈論語〉與算盤》一書，號稱

「商務聖經」，該書系統地闡明了儒家的經濟倫理思想，強調在工商活動中要把「義」(《論語》)和「利」(算盤)緊密結合起來才能獲得成功。在《〈論語〉與算盤》一書的「導言」中，日本著名的新聞評論家草柳大藏評論道：這是一本創造財富的書；目的是要把沒有罪惡相伴隨的神聖的富裕作為奮鬥目標。《〈論語〉與算盤》一書從一個側面表明，中國古代的經濟倫理思想、特別是宏觀層面的經濟倫理理論是相當豐富的，是強大的文化力之源。

形成、發揮文化軟實力的主要手段是文化價值觀念及其發散、傳播，其基礎則是學術思想的研究。西方文化及價值體系之所以能披上了普世價值的外衣，增強其在全球各地的吸引力和感召力，就與西方國家長期以來對其傳統文化所做的研究，尤其是現代式的闡析研究不可分割。今天，為了提升我國的文化軟實力，我們必須高舉弘揚中華民族優秀文化的大旗，加大整理、開發和保護民族傳統文化的工作力度。再經過現代化的提煉和創造，使其與時代特徵相適應，與人民的生活和國家的命運連接起來。本論文研究《鹽鐵論》的經濟倫理思想，可讓世界人民瞭解我中華先人對經濟問題進行倫理關切的深度，論述經濟倫理問題的廣度，思索經濟倫理問題境界的高度。更可告知世界人民，今天西方學者所津津樂道的，引以為傲的經濟倫理思想幾乎全現於《鹽鐵論》所記錄的賢良、文學與大夫、御史滔滔不絕之論爭中，因此今天我國人所要做的事不是在「歐風美雨」之前妄自菲薄，而是在對傳統經濟倫理思想的辯證否定中光大我「古已有之」的深邃思想，使其勃發出無限的生機與活力，轉化為國家競爭力中的比較優勢，在國際上產生文化吸引力和號召力。

三、基本思路與主要內容

本文以中華古典名著《鹽鐵論》為主要研究資料。研究的第一步就是讀懂《鹽鐵論》原文，然後理解文本的經濟倫理學意義，在此基礎上進一步整理出研究線索，歸納出若干問題進行思考。但是本文不局限於《鹽鐵論》本身的論述，而是根據自己的學術旨趣與研究方向及專業知識，認真參考相關論文和重要專著，比較分析史料，綜合重要文獻觀點，結合國內外經濟倫理學最新成果進行研究。當然，借鑒不是照搬，而是獨立思考下的借鑒。徐復觀先生所著《兩漢思想史》，深刻精闢，但在個別地方，存在脫離文化背景而言事的現象。何煉成先生是我們非常尊敬的學者，著有《中國經濟思想史》(領

衛）、《中國經濟管理思想史》、《中國經濟發展新論》等大作，但我們認為其關於《鹽鐵論》的論述確實有未盡之意。

　　本文以馬克思主義世界觀、歷史觀和倫理觀為基本視角，以唯物辯證法和邏輯與歷史相統一的方法、及價值分析方法為基本的研究方法，著眼於傳統經濟倫理思想變遷的實質與特點，採取史論結合的方法來研究《鹽鐵論》的主要經濟倫理問題，並對爭辯雙方的思想進行唯物辯證的考察分析，力圖作出比較科學的評價總結。本文研究的宗旨，就是以《鹽鐵論》包含的經濟倫理思想為範本，以工商業的官營和民營的經濟倫理思想之爭為主軸，探析爭論雙方思想主張的文化與利益背景，揭示雙方不同的經濟倫理主張內在的聯繫，力圖為澄清市場經濟倫理思想存在的一些混亂，為解決改革開放中出現的經濟倫理危機提供歷史的參考。

　　本文共分為七章：第一章，介紹考察鹽鐵會議的歷史背景，分析鹽鐵會議的主要目的，並對《鹽鐵論》其書及爭辯雙方的的階級、文化背景作出必要的介紹說明。第二章分析指出《鹽鐵論》的人性觀，並不是對先秦人性論的簡單復述，而是有選擇的利用，有目的的發展；大夫、御史與賢良、文學人性之爭主要是關於人的本性是什麼，人的本性是否可變。大夫、御史不但承認人性惡，而且理直氣壯地認為人性惡並非壞事；賢良、文學反對人性自私論的觀點，認為自私的人與禽獸無異。大夫、御史認為人性不可改變，教育是無用的；賢良、文學則認為人性可以改變，貪官是後天形成的。第三章分析指出貫穿於鹽鐵會議始終的一個關乎全局的思想基調是雙方的義利之爭：賢良、文學的義利觀具有重義輕利的特徵；大夫、御史重利，主張自利、利國、利民的統一，其中自利是核心。大夫、御史與賢良、文學的義利之爭實際是雙方人性之爭的必然延伸。第四章分析指出大夫、御史與賢良、文學的本末之爭的焦點，不是要不要「本業」或「末業」，而是由誰來經營「末業」——前者力主官營的合理性，後者則指出官營的種種弊端。其實質不是對農業、商業的產業地位問題的爭論，而是其義利之爭的延續。第五章分析指出富國與富民之爭是《鹽鐵論》貧富之爭的實質。大夫、御史與賢良、文學關於富國與富民之爭的實質並不是要不要富國與要不要富民，而是富國與富民誰應被優先確保的問題。關於貧富的原因之爭是《鹽鐵論》貧富之爭的核心。大夫、御史認為民貧富的根本原因有三：其一在於民自身的勤勞與節儉程度，其二在於民之勞動能力高低，其三在於是否有致富之術。賢良、文學則針鋒

相對地指出民之貧窮的根本原因就是官禍。關於貧富的態度之爭是《鹽鐵論》貧富之爭的重點。大夫、御史與賢良、文學對貧富的態度之爭實際上涉及了所謂的義榮（辱）與勢榮（辱）的關係問題。第六章分析指出鹽鐵會議上大夫、御史與賢良、文學關於奢、儉之爭是西漢奢侈之風泛濫的反映；其實質是爭論雙方經濟倫理思想的深化。在奢與儉問題上，賢良、文學主張「反奢崇儉」，大夫、御史等主張「節奢刺儉」。第七章是對《鹽鐵論》經濟倫理思想總結與評價。指出《鹽鐵論》不但是對漢武帝一生功過是非，也是對西漢王朝建立後一百二十多年歷史的總結，對中國的 2000 多年的經濟倫理思想產生了深刻的影響，對現代經濟倫理學的發展，經濟實踐的發展也不乏啓示意義。如《鹽鐵論》經濟倫理思想確定了封建的功利主義義利觀的主流地位，奠定了重商主義思想的歷史地位，對構建義利並重的社會主義義利觀；促進國有，民營經濟協調發展；改善民生，保護合德的私有財產；培育科學的消費觀有現代啓示意義。

《鹽鐵論》內含的經濟倫理思想需要我們不斷探索和追尋，本人將在這條學術之路上繼續前進，不斷充實完善自己的思想體系，爲經濟倫理學的學科發展，爲社會主義和諧社會的建設獻出綿薄之力。

第一章　鹽鐵會議和《鹽鐵論》概說

鹽鐵會議實爲西漢中期經濟、政治和文化的歷史性總結與辯論的大會，會議內容涉及漢代社會方方面面的問題。《鹽鐵論》的經濟倫理思想是這些情況的反映、分析和解釋。因此弄清爭辯雙方分歧的實質，探討各自觀點的內在聯繫，需要考察鹽鐵會議的歷史背景，明確鹽鐵會議的主要目的，並對《鹽鐵論》其書及爭辯雙方的的階級、文化背景有所瞭解。

一、鹽鐵會議的歷史背景

鹽鐵會議召開於漢昭帝始元 6 年（前 81），「訖昭帝世，國家少事，百姓稍益充實。始元六年，詔郡國舉賢良、文學士，問以民間所疾苦，於是鹽鐵議起焉」。〔註 1〕宣帝時，廬江太守丞桓寬據當時會議記錄，整理推衍成書，書名《鹽鐵論》，「汝南桓寬次公，治公羊春秋，舉爲郎，至廬江太守丞，博通，善屬文，推衍鹽鐵之議，增廣條目，極其論難，著數萬言。亦欲以究治亂，成一家之法焉」。〔註 2〕

爲什麼要召開鹽鐵會議呢？鹽鐵會議的目的是解決一個關係到國家發展的時代性課題，即漢武帝留下的鹽鐵官營問題。漢武帝在元狩年間（公元前122～前 117 年）起用桑弘羊等人，制定和推行了一系列新的經濟政策，如統一幣制，鹽鐵和酒類官營，實行均輸平準、算緡告緡等。所謂鹽鐵和酒類專賣，就是對鹽鐵同時在生產領域和流通領域實行官營；對酒類在流通領域實

〔註 1〕《漢書‧車千秋傳》第 2886 頁，北京：中華書局，1962 年。
〔註 2〕《漢書‧公孫劉田王楊蔡陳鄭傳贊》第 2903 頁，北京：中華書局，1962 年。

行官營。所謂均輸是在各郡、國設立輸官,郡國將過去商人所轉販的商品作為貢物,交給輸官轉運,輸官只將一部分重要的、質量高的貢物運往京城,其餘則可調運到價格高的地區售賣,「互相灌輸」,這樣既能克服貢輸中存在的中途損耗、運費高昂等問題,同時又可以使政府不費任何資本即獲得豐厚的商業利潤,從而成為政府的一大財源。而平準則是桑弘羊於公元前110年在京師設立的一個機構,平準掌握著巨大的商品儲存以及運輸隊伍,在京師某種商品價格上漲時以低價拋售;反之,價格下跌時則進行收購,從而穩定物價。桑弘羊的均輸和平準制度,就是早期的國家物資儲備制度,它直接來源於戰國時期管子的《國蓄》思想。

漢劉邦建國之初,西漢帝國正面臨戰後經濟崩潰的危險。漢高祖為了恢復國家的戰爭創傷,採取「勿擾關市」的政策來發展工商業經濟,不干涉民營經濟甚至倡導民間鹽鐵行業的自由發展,形成富商大賈「周流天下」和交易之物莫不通的局面。所以鹽鐵工商業成為當時能迅速積累資本的產業。漢文帝即位後,繼承「無為而治」的黃老思想和休養生息政策。景帝則貫徹和發展了文帝的思想政策,明確認可鹽鐵的民間經營,以收取租稅為條件,把冶鐵權和煮鹽權轉讓給百姓,還一再減輕賦稅徭役。在寬鬆自由的鹽鐵政策保護下,產生了一批靠資本原始積累而發家致富的富商大賈,還增加了國家的財政收入。但是西漢前期的放任鹽鐵民營的政策,其負面影響也極具危害性:經營鹽鐵的利益驅動不少農民放棄土地,投入鹽鐵行業的生產和銷售,因此荒廢了土地,影響了農業生產;受生產成本的限制,擁有鹽鐵生產經營權的人往往是富商大賈,獲得最多利潤的人也是他們,而雇工和農民則陷入生活的困境,社會貧富差距極易拉大;另外,富商大賈控制和壟斷鹽鐵的生產、流通,導致鹽鐵行業的畸形發展,也在很大程度上造成了西漢王朝財政收入的大量流失,動搖了封建王朝的統治基礎。

為了增加國家財政收入和控制國民經濟命脈,消滅匈奴軍隊和國內分裂勢力,在統一國家的基礎上擴張版圖,漢武帝開始實行鹽鐵官營的經濟政策。漢武帝的鹽鐵官營政策與對匈奴的戰爭密切相關。西漢時期,漢族與少數民族的矛盾以漢族與匈奴的矛盾為國家的主要矛盾。漢匈矛盾有很深的歷史淵源,可以說是「積怨已久」。由於實力不足和無為方針的實施,西漢前期對匈奴採取了和親政策,但是匈奴仍然不斷入侵,邊境局勢長期緊張。到漢武帝時,西漢王朝已經強盛,具備了打擊匈奴的財政基礎和軍事實力,便開始轉

守為攻，對匈奴採取強硬政策，以打垮匈奴的南侵企圖和政治野心。漢武帝對匈奴發動了十多次軍事進攻，雖然付出了慘重的代價，最終卻贏得了決定性的勝利。通過這些軍事行動，漢武帝向世人展示了自己的雄才大略和豐功偉績。但是，這種傾盡全國之力的對外擴張也引發了不少禍患，不但深層次的民族矛盾並未得到根本解決，還引發了國內經濟政治的嚴重危機。漢武帝為了從財政上保證開拓疆土和反擊匈奴侵略的軍事目的，實行了鹽鐵官營，以及酒類專賣和統一運輸、賤賣貴買、平抑物價的經濟政策。鹽鐵官營政策為北伐匈奴、鞏固國防、開疆拓土提供了強有力的物質支持，增加了朝廷的稅收，緩解了漢武帝連年戰爭所引發的財政困難，還有效地控制了鹽鐵資源，掌握了國民經濟命脈，迅速地積累了大量的財富。平抑物價，均輸有無，更起到了彈壓和打擊大商人和豪族，強化皇帝和中央的專制集權的作用。但是，長期推行官營工商業的經濟政策也產生了許多不良後果，嚴重地損害了百姓的利益。它不僅造成了鹽鐵生產效率低下，食鹽苦而不鹹，鐵器鈍而不利，質劣價高和強買強賣等嚴重弊端，而且造成了官僚機構腐敗臃腫，官商不分或者官商勾結起來中飽私囊和貪污浪費，違反經濟規律，衙門作風和官僚習氣嚴重的現象突出等災難性後果。這種工商經營管理政策再加上漢武帝興造宮室和遊幸等奢靡生活，西漢朝廷不得不增加賦稅，實施以錢贖罪的斂財方法，在社會上公開賣官鬻爵，造成政治腐敗和經濟蕭條的惡果，國內社會、政治也因此動盪不安。此種情況可略見於司馬遷《酷吏列傳》對酷吏之害的記載：

> 自（王）溫舒等以惡為治，而郡守、都尉、諸侯二千石欲為治者，其治大抵盡放溫舒，而吏民益輕犯法，盜賊滋起。南陽有梅免、白政，楚有殷中、杜少，齊有徐勃，燕趙之間有堅盧、范生之屬。大群至數千人，擅自號，攻城邑，取庫兵，釋死罪，縛辱郡太守、都尉，殺二千石，為檄告縣趣具食；小群以百數，掠鹵鄉里者，不可勝數也。於是天子……乃使光祿大夫范昆、諸輔都尉及故九卿張德等衣繡衣，持節，虎符發兵以興擊，斬首大部或至萬餘級，及以法誅通飲食，坐連諸郡，甚者數千人。數歲，乃頗得其渠率。散卒失亡，復聚黨阻山川者，往往而群居，無可奈何。〔註3〕

面對「海內虛耗，戶口減半」及農民暴動的客觀現實，漢武帝於征和四年（前

〔註3〕《史記・酷吏列傳》第3151頁，北京：中華書局，1959年。

89 年）下詔要求此後政府官員要致力農耕，禁絕苛暴，不得擅興賦役。這在一定程度上恢復了漢初「與民休息」的政策。漢武帝在政策上的轉變，對於穩定漢王朝的統治是必要的，但統治集團內部卻對此意見不一。

　　漢武帝臨終，遺命小兒子劉弗陵（漢昭帝，即位時剛滿七歲）為皇帝，並把權力委託給大將軍霍光、車騎將軍金日磾、左將軍上官桀、丞相田千秋和御史大夫桑弘羊等人執掌，這幾個人也就是「託孤之臣」。然而，在中國歷史上，大凡皇帝「託孤」，稍有不慎，便可能演變為朝廷內部的權力角逐流血事件。漢武帝「託孤」也正是這樣。霍光與上官桀不合，與桑弘羊也不和。在幾個大臣中，金日磾早死。田千秋非常圓滑。他官至極品，只想保持俸祿和官位，因而遇到需要表態的事情常常模稜兩可。桑弘羊則同上官桀比較投緣。這樣，在當權派中逐漸形成了以霍光為一方，以上官桀和桑弘羊為另一方的兩個派系。兩個集團的最後鬥爭不可免。

　　年幼的昭帝繼位後，大權掌握在大將軍霍光手裏。霍光在武帝左右幾十年，對國家的情勢，及武帝死前的心境有深切的領受。侍奉遺詔輔幼主時，立即著手修改漢武的戰時經濟政策。漢武帝的戰時經濟政策以鹽鐵專賣搜刮最多，影響幅度最大，要修改漢武的政策，鹽鐵和酒的專賣，首當其衝。但霍光要修訂漢武的政策並非易事。需要同樣掌握實權的桑弘羊的同意。但這很難，因為桑弘羊既有思維定勢，也有既得利益。霍光於是接受杜延年的建議，於始元 5 年（前 82），令各地舉賢良、文學，在次年 2 月，令各地所舉賢良、文學來參加前所未有的以鹽鐵政策為中心的大辯論。在會議召開之前，兩派的矛盾已經白熱化、公開化。上官桀是領頭反對霍光的人物，而桑弘羊則掌握著財政大權，又是著名的智囊。霍光需要先「搞掉」桑弘羊，以斬斷上官桀的臂膀。桑弘羊是靠主管鹽鐵、均輸、平準起家的，要扳倒桑弘羊，當然就得從批判桑弘羊的經濟政策著手。所以，霍光就將各地選送的賢良、文學，作為「民間代表」使用，為反對桑弘羊製造「民意」。霍光本意，是想在「問民間所疾苦」的名義之下，以民間的聲音來壓倒桑弘羊，為推行漢武晚年所定的政策轉變鋪路。同時，霍光想要藉此奪取桑弘羊所掌握的政治權力，意圖也很明顯。而桑弘羊也不是易與之輩，他以漢武帝時那種推行輕重政策的魄力和多年的從政經驗，豈甘輕易從已有的陣地上退縮？所以他能在鹽鐵會議上從容應戰，縱橫揮灑，舌戰群儒而無礙。由是有了我國古代歷史上官民辯論的燦爛的一章，即鹽鐵會議。郭沫若認為：「霍光和桑弘羊是對立

的。霍光很顯然就是代表地主商人階級的利益而反對國營和專賣政策的人，他為了擴大自己的勢力，所以要利用民間的力量來反對，賢良和文學那一批人就是霍光所利用的人。鹽鐵會議假使沒有霍光的主動支持，毫無疑問，是不可能召開的。」〔註4〕

二、鹽鐵會議的論辯雙方

　　總共有 60 多人參加了鹽鐵會議辯論。從會議的召集程序來看，是由諫大夫杜延年建議召開的。諫大夫也就是相當於議會當中主管議案受理和提議召集議會的官員。然後，皇帝再下詔命丞相田千秋、御史大夫桑弘羊召集郡國所舉賢良文學，詢問民間疾苦所在。鹽鐵會議其規模和陣勢完全不亞於古希臘蘇格拉底那個時代的辯論。

　　參加辯論的一方是代表民間的賢良、文學。「始元五年六月詔：「其令三輔、太常舉賢良各二人，郡國賢良、文學高第各一人』。」〔註5〕《三輔黃圖》稱：「武帝太初元年，改內史為京兆尹，與左馮翊、右扶風，謂之三輔。」〔註6〕《太平御覽》引《三輔黃圖》謂：「渭城以西屬右扶風，長安以東屬京兆尹，長陵以北屬左馮翊，以輔京師，謂之三輔。」〔註7〕可知當時的「三輔」就是漢都長安所轄地區。太常本是掌宗廟禮儀的官，皇陵地區由它管轄。皇帝陵墓及其周圍地區，有幾個縣的地盤，也稱為太常。首都長安與皇陵地區各舉兩名賢良。為什麼要在首都及其附近地區只選賢良來作民意代表，而在郡國（約當於我們現在的省市）卻選取賢良、文學？不得而知。可能三輔、太常賢良、文學太多，所以只好選賢良。賢良、文學有姓名留下來的，有茂陵唐生，魯國萬生，中山劉子雍，九江祝生。這都是《鹽鐵論》最後一篇《雜論》所記。據王利器先生考證，後來做過茂陵令的魏相，也是鹽鐵會議的參加者。〔註8〕其餘就一概無傳了。

　　「賢良」，本謂有德有才，或有德有才的人。《周禮・地官・師氏》：「二曰友行，以尊賢良。」漢文帝始設賢良方正科目，以選拔人才。由郡國推舉文學之士充選。入選者即稱賢良。《史記・孝文本紀》：「及舉賢良方正直言極

〔註4〕郭沫若：《鹽鐵論讀本・序》。
〔註5〕《漢書・昭帝紀》第 223 頁，北京：中華書局，1962 年。
〔註6〕《三輔黃圖》卷1。
〔註7〕《太平御覽》卷 164。
〔註8〕王利器：《鹽鐵論校注・前言》第 5～6 頁，北京：中華書局，1992 年。

諫者，以匡朕之不逮。」〔註9〕知被舉者對政治得失應能直言極諫。漢武帝《賢良詔》曰：「賢良明於古今王事之體，受策察問，咸以書對，著之於篇，朕親覽焉。」〔註10〕知賢良必須懂得歷史，懂得政治。所謂「文學」，黃留珠先生在《秦漢仕進制度》中作過闡釋：「什麼是『文學』呢？《鹽鐵論‧論儒》指出『文學祖述仲尼』。可見兩漢時文學與儒生是同一概念。當時所謂『文學』，如用來指書，即爲經書，若用來指人，則爲儒生」。〔註11〕所以《鹽鐵論》裏的文學，實指讀書人。因漢武罷黜百家，獨尊儒術，讀書人也就是儒生。他們更接近於民間，連官吏候補資格都沒有。不過漢時的儒生，已不是先秦時期的儒生，他們吸取了各家自認爲可以吸取的東西，例如重農輕商，本是法家的主張，而賢良、文學卻拿過來作爲自己的要義。更值得注意的是，鹽鐵辯論中，賢良、文學一方不斷引用或暗用董仲舒的觀點，如將董仲舒的主張：「鹽鐵皆歸於民」，〔註12〕反對「與民爭利」的思想作爲其中心主張。而儒學經過董仲舒的改造，實際上已注入了新的內容。〔註13〕鹽鐵會議對賢良、文學而言，可謂是一次通過對具體問題的討論來公開表達長期積聚的對於漢朝政治不滿的難得機會。所以在這次會議上，他們對於漢王朝的窮兵黷武、法律繁苛、驕奢侈靡、吏治混亂等問題進行公開的、激烈的指責，並通過這些具體問題，對漢王朝的政治制度進行了激烈的批評，同時又代表下層民眾訴說了他們的生存狀況。因而可以認爲鹽鐵會議上賢良、文學的放言高論，實際標誌著儒生已經形成強大的社會勢力。

　　參加辯論另一方的主角是桑弘羊，當時官居御史大夫之職，相當於副丞相，《鹽鐵論》中有時稱他爲「大夫」。他的一個下屬，被稱爲「御史」，下屬稱桑弘羊爲「大夫、御史君」。丞相田千秋，是會議主持人，但發言不多，說話多有調和性質。《鹽鐵論》中稱他爲「丞相」。丞相一個下屬，稱爲「丞相史」。桑弘羊出身於洛陽一個商人家庭。洛陽處於漢朝中心地區，自春秋戰國以來就已發展爲著名的工商業城市。桑弘羊生活在這樣的環境中，又受家庭經商的影響，所以從幼年時代就開始接觸工商業業務，學到工商業知識，據說他能「以心計」，不用籌碼（當時一般商人用竹製成的籌碼）進行運算。武

〔註9〕《史記》第422頁，北京：中華書局，1959年。
〔註10〕《漢書‧武帝紀》第162頁，北京：中華書局，1962年。
〔註11〕黃留珠：《秦漢仕進制度》第184頁，西安：西北大學出版社，1998年。
〔註12〕《漢書‧食貨志》第1137頁，北京：中華書局，1962年。
〔註13〕《漢書‧董仲舒傳》第2520頁，北京：中華書局，1962年。

帝剛即位的那一年（公元前 141 年），他被召入宮廷任侍中，那時，他十三歲。侍中為天子做一些生活服務方面的事〔註14〕。但因「得入禁中」，能與皇帝接近，亦不乏做大官的機會。大將軍霍光也是以侍中而得漢武帝親信，成為顧命大臣的。桑弘羊以商人子弟得膺此職，且歷仕達二十餘年之久，說明漢武帝對他特別重視。在鹽鐵會議的辯論中，桑弘羊極力推崇法家商鞅，對漢代酷吏張湯更是稱讚不已，而他本人做事，也具有法家的風格。桑弘羊的下屬曾當著桑弘羊的面先是讚頌張湯：「夫理國之道，除穢鋤豪，然後百姓均平，各安其宇。張廷尉論定律令，明法以繩天下，誅奸猾，絕併兼之徒，而強不淩弱，眾不暴寡」，然後說出他的頂頭上司桑弘羊的功績，以與張湯比美：「大夫君運籌策，建國用，籠天下鹽、鐵諸利，以排富商大賈。買官贖罪，損有餘，補不足，以齊黎民。」〔註15〕

　　就論辯的議題與內容言，集中在國營經濟事業與對外（主要是匈奴）征伐、邊防事件兩大焦點，然而其論辯本身所凸顯出來的主題則是義利本末之辨，涉及到國家的經濟決策和經濟治理等一系列重大而又現實的問題。其進行方式，則對話與對策並行，亦即口頭之言詞對辯與書面之文詞討論雙軌並行，短則一問一答，多則雙方你來我往，數問數答，最多者達五問五答，其對辯之激烈，可以想見。所有對話過程與內容，悉載於桓寬《鹽鐵論》中。從所載內容看來，賢良文學多從仁義道德、重農抑商、義利之辨、行文德以徠遠人等等儒家基本觀點出發，去批判國營經濟之與民爭利，「散敦樸之風，成貪鄙之化」，均輸、平準執行時所產生之弊端與傷民；以及對匈奴之不能懷德以徠之，而興兵陣戰，有虧王者之風。他們緬懷文景時期厚幣結親、偃兵休士之往事，希望盡罷均輸、平準、鹽榷、酒酤，恢復重農抑商之策。御史大夫桑弘羊等人則以開本末之途，通有無之用，與國防、財用之實際需要，暢論防邊之不可不用兵，肯定武帝之伐匈奴與國營經濟之別無選擇。雙方你來我往，桑弘羊幾乎是以一敵眾，力戰群儒。根據《鹽鐵論》的記載，代表民間的文學共發言 123 次，賢良 26 次，御史大夫（即桑弘羊）發言 113 次，御史 19 次，丞相史 11 次，至於主持人丞相，或許是為了保持中立，只發言 4

〔註14〕　清袁枚：《隨園隨筆・古官尊卑不一》：「秦漢侍中本丞相史，不過掌虎子、捧唾壺等事。」按：虎子，尿壺。

〔註15〕　《鹽鐵論・輕重》，王利器：《鹽鐵論校注》第 179 頁，北京：中華書局，1992年。

次（以上係根據徐漢昌《鹽鐵論研究》的統計），內容無涉兩邊。過程中，或因眾寡懸殊，或因連年征戰匈奴與征伐四方果真加大人民的痛苦指數，或因鹽鐵國營與均輸、平準確有嚴重的官吏貪污問題，桑弘羊亦時或嘿然語塞，無言相對。論辯就在前後長達五個月，針鋒相對百餘次的激烈狀況下展開、作結。

雙方的實力難分伯仲，又不依不饒地執著本方認定的價值觀念和治國理想，這就決定辯論的異常精彩與激烈。今人讀《鹽鐵論》也許會覺雙方均有流於極端片面之處，甚至俱有舍本逐末，且無限放大這個「末」之陋。但雙方各有其理，各有其依，各有其邏輯，在辯駁中，又以比喻設辭，比喻起頭，中間又埋伏不斷之譬喻，尋求突破張揚，以致整部辯駁，幻出奇彩，絢爛奪目，精光射人。斯人已去，斯言猶存，如此精彩的辯論，即使不論其思想對與錯，即使今天讀來，也令人拍案稱奇。

三、《鹽鐵論》其書

《鹽鐵論》的作者桓寬，字次公，河南人。他的學術專長是公羊春秋，被推舉做郎官（侍從官，也備顧問差遣），後來做了廬江太守丞（太守的副職）。他博學，善於寫文章。不過這位寫出了不朽文章的作者，另無更多的事迹傳世。

《鹽鐵論》共 60 篇，篇題是桓寬所加，內容記載完全依照會議實際情況，故採一來一往對話形式以表現，結構難免較不謹嚴；但卻有較高的歷史性。大致而言，從第 1 篇～28 篇是御史大夫對郡國文學的論辯；自第 29 篇《散不足》～41 篇《取下》，是御史大夫對賢良的論辯。辯後，賢良文學皆獲命為列大夫。自第 42 篇《擊之》～59《大論》則為御史大夫、御史對文學，多論禮治與法治，亦即儒法辯爭。每一篇長短不一，《散不足》篇長到 4112 字，短的如《箴石》，只有 354 字。

第一篇《本議》標出中心議題：鹽鐵、均輸、酒榷，第 59 篇《大論》是全書總結，第 60 篇《雜論》是桓寬作的跋，說明編撰之原因與對論辯的看法，是編後記。第 12 篇《憂邊》、第 16 篇《地廣》、第 38 篇《備胡》、第 42～52 篇，包括了《擊之》、《結和》、《誅秦》、《伐功》、《西域》、《世務》、《和親》、《繇役》、《顯固》、《論勇》、《論功》等共 14 篇，在各論題中，篇幅占最大，皆為對外伐匈奴相關之篇章。第 3 篇《通有》，第 4 篇《錯幣》、第 5 篇《禁

耕》、第 6 篇《復古》，第 15 篇《未通》、第 36 篇《水旱》共 6 篇，則涉及鹽鐵國營、均輸、平準、鹽榷酒酤等論題。第 55 篇《刑德》、第 56 篇《申韓》、第 57 篇《周秦》、第 58 篇《詔聖》、第 7 篇《非鞅》、第 8 篇《晁錯》、第 11 篇《御史》、第 27 篇《利議》等八篇，涉及儒、法之爭，第 59 篇尤以批孔與擁孔的對辯，為儒、法之爭打上句點。

實際記錄雙方辯論的文字為 59 篇。雙方辯論到第 41 篇《取下》，已作結論，後面 18 篇大致不出前面 41 篇的範圍，算是辯論的第 2 個回合。有人懷疑這 18 篇不是原來會議的記錄所有，而是桓寬「推衍」、「造設」而來。〔註16〕是或者不是，尚未成為定論。而事實上，後 18 篇討論擊匈奴的事，新意不多。

《鹽鐵論》全書在內容安排上並不系統嚴密，在語言上雖有大致相同的風格，但文章特色前後有明顯的變化。如，自《本議》至《利議》為大夫、御史與賢良、文學的辯難，所討論的內容比較豐富，雖論及鹽鐵均輸等具體問題，但主要表達的是儒生與文法吏士之間在價值觀與人生觀上的不同，其深層的內容實為由來已久的儒家與法家的義利之辯。大夫、御史的論辯鋒芒畢露，時有倚勢壓人之嫌，賢良、文學的論辯則缺乏針對性，時顯迂闊，雙方時有離開論題互相攻擊的言論。再如從《國疾》至《取下》為大夫、御史與賢良的辯難。賢良徵自長安，他們對朝廷的弊病看得比較清楚，所以發言具有很強的針對性，尤其對於朝廷自上而下的奢侈之風，敘述得尤為詳備深刻。文章多排比和對比，但整體上是以散句為主。綜觀全書則可發現，雙方在辯論過程中，發言立論，沒有什麼原則性，隨機設義，反復無常，甚至前後矛盾。尤其是大夫、御史，常常闡發經義以立論，其論點往往與他的信仰和行為全不相符。這說明無論在內容的安排上，還是在藝術形式的加工上，桓寬都沒有對會議的議文作更深入細緻的工作，但他曾對辯論內容進行編排，對記錄文字進行推衍，對文章語言作過加工潤色。班固說桓寬善屬文，確實如此，郭沫若先生甚至認為《鹽鐵論》「是一部處理歷史題材的對話體小說」。〔註17〕這雖是其一人之見，但也可見桓寬文筆之妙了。

《鹽鐵論》作為依據鹽鐵會議的記錄編撰而成的一部政論文集，內容極

〔註16〕如清人姚鼐：《鹽鐵論筆記》曾說：「此（指後面 18 篇）殆尤是造設之言」。
〔註17〕郭沫若：《鹽鐵論讀本·序》，《郭沫若全集》第 8 卷第 474 頁，北京：人民出版社，1985 年。

為廣泛，但該書的編撰者桓寬卻單單用「鹽鐵」二字作為書名，其中必有深意，桓寬卻未曾言及此深意，致使後世學者以己意猜度，莫衷一是。黑琨女士將前人觀點歸納為四種：第一，認為書名中的「鹽鐵」含有惋惜之意，其根據是：賢良、文學之建議，多為丞相、御大夫採用，而鹽、鐵專賣政策卻仍舊執行，桓氏因而惋惜賢良、文學之說不能盡行，故以「鹽鐵」名其書。紀昀主編《四庫全書總目提要》、丁丙著《善本書室藏書志》、日本學者山田勝美著《鹽鐵論》主此說。第二，認為桓寬將該書命名為「鹽鐵論」，是傚仿司馬遷名《平準書》的做法，其意在於表示對鹽鐵官營政策的不滿。持這種觀點的以明人金蟠為代表。第三種看法認為桓氏以「鹽鐵」名書，是因為其書首篇《本議》有「今郡國有鹽鐵、酒榷、均輸、與民爭利」一語，且獨舉「鹽鐵」二字，有代「鹽鐵、酒榷、均輸」一語之用。倡此說有歐宗祐。第四種觀點認為《鹽鐵論》一書的性質，乃泛論一般經濟制度，雙方辯論的範圍甚廣，往往由鹽鐵問題而發揮其他經濟意見，而桓寬之以「鹽鐵」為書名，是因為其書討論的重心在於鹽鐵官營制之興廢。唐慶增持此觀點。黑琨女士認為明人金蟠所持的第二種看法較為近是。〔註 18〕。理由是從班固《漢書‧公孫田劉王楊蔡陳鄭傳贊》所稱可知桓寬著書「欲以究治亂，成一家之法」，此點頗似司馬遷著《史記》之意旨；而桓寬在著述中，曾多次引借《史記》文字，又「多摹仿《平準書》的論斷，反映出武帝以來的社會矛盾」。〔註 19〕從中可見桓寬從司馬遷處所受的某些影響。司馬遷《平準書》敘述的是漢初至武帝時期的財經形勢和各項政策，其以「平準書」為篇名，有著深刻的含義。漢代「平準」政策的施行，增加了國家的稅收，也使「積貨儲物，以待其急」的投機官商大謀其利；而一般貧民非但得不到利益，反而生活更為艱難。因此司馬遷之名「平準書」確實有其譏諷之意在內。從桓寬所受司馬遷的影響來看，他很有可能仿傚了司馬遷寓褒貶於篇名的做法，亦借名書之機來寄寓一己之見。

我們認為，《鹽鐵論》其實既非關於「鹽鐵」的技術論，也非關於「鹽鐵」的純經濟政策論，主要是關於「鹽鐵」的經濟倫理論。在鹽鐵會議上，以賢

〔註 18〕黑琨：《〈鹽鐵論〉書名辨義》，《吉林師範大學學報（人文社會科學版）》，2003 年 3 月。

〔註 19〕侯外廬等：《中國思想通史（第二卷）》第 161 頁，北京：人民出版社，1957 年。

良茂陵唐生、文學魯國萬生爲代表的賢良文學派和以桑弘羊爲代表的大夫御史派就鹽鐵等問題的討論發展爲一場關於經濟發展、經濟決策、經濟治理的大討論，圍繞的主題則是有關義利、本末、貧富、輕重、儉奢等經濟倫理問題，通過討論與相互詰難、批評，深化並完善了各自的經濟倫理思想。鹽鐵會議之後儒家重義輕利、重本輕末、反奢崇儉的思想成爲整個社會的根本價值目標，並廣泛地貫穿到國家經濟生活、政治生活和文化生活中，成爲制約中國社會發展的文化精神和和民族心理。但是《鹽鐵論》畢竟爲我們保留了當時兩種截然不同的理論成果，使我們能夠得以觀照除儒家以外的經濟倫理思想和經濟價值觀。也正因爲如此，《鹽鐵論》中的經濟倫理思想才在後世不時被人們所提起，並成爲思想爭鳴和價值論辯的不盡資源。

第二章　人性論：《鹽鐵論》經濟倫理思想的基礎

　　鹽鐵會議上，賢良文學與御史大夫的諸多爭論其實是從人性的不同認識開始的。賢良文學派繼承並發展了孔孟儒家的人性論思想，而御史大夫派則繼承並發展了法家的人性論思想。在桑弘羊等人看來，趨利避害是人的天然本性，人人都是求利、求富的，他引用司馬遷的話「天下攘攘，皆為利往」，並說：「趙女不擇醜好，鄭嫗不擇遠近，商人不媿恥辱，戎士不愛死力，士不在親，事君不避其難，皆為利祿也。」〔註1〕而賢良文學派整體上則持人性趨德向善的觀點，認為人是一種有道德的社會動物，追求仁義道德是人區別於動物的根本標誌，人不能夠僅僅只為功利而活著，淪為一種不講仁義道德的動物。

一、先秦時期的人性論爭

　　我國古代的人性論可謂是中國古代哲學中最富有思辯的理論。從孔子的「性相近，習相遠」到戴震以血氣心知為性之實體，其間二千多年的時間裏，不同色彩的哲學家提出了各種各樣的人性論觀點。其中先秦時代的學者的人性觀異常豐富多彩，並奠定了後世人性論的基本流派。這些人性觀深刻地影響到了鹽鐵會議論辯雙方的人性論，成為其思維方式、政策主張及經濟倫理思想的基礎。但是人性問題「猶如人類的一個影子，它與人類形影不離。每

〔註 1〕《鹽鐵論・毀學》，王利器：《鹽鐵論校注（定本）》第 230～231 頁，北京：中華書局，1992 年。

當人類向前取得新的進步，這個問題也會伴隨人類而向前推移，形成新的更深的含義，擺在人類面前要求新的解脫。於是，問題今舊而問題常新，解說常新。」〔註 2〕。《鹽鐵論》的人性觀並不是對先秦人性論的簡單復述，而是有選擇的利用，有目的的發展。

先秦的人性論，主要有性有善有惡說，性無善無不善說，性善說及性惡說。

1、孟子的性善論

性善說的觀點，最早可追溯到孔子。孔子論人性，雖然只有一句：「性相近，習相遠也」〔註3〕，並沒有說明「性相近」究竟近於什麼，是近於善，還是近於惡？但從孔子的整個倫理思想看，從孔子的爲仁由己而不由人，「吾欲仁斯仁至矣」來看，孔子的「性相近」是近於性善。在中國哲學史上第一個對人性善進行了比較系統論述的則是孟子，他繼承和發展了世碩的「性有善有不善」中的「有善」的方面，批判地總結了各家關於人性的觀點，提出了「性善」的人性學說。孟子認爲人性是「無不善」的，其結論的依據是因爲人人都有惻隱、恭敬、羞惡、是非之心，「惻隱之心，仁也；恭敬之心，禮也；羞惡之心，義也；是非之心，智也」，且「仁、義、禮、智，非外鑠我也，我固有之也」〔註4〕。但是，孟子並不認爲人生下來就有完善的仁、義、禮、智等善性，只是認爲在人的本性裏面，具有善的因素，或者萌芽，「惻隱之心，仁之端也；羞惡之心，義之端也；辭讓之心，禮之端也；是非之心，智之端也」〔註5〕，並認爲此「四善端」是每個人天生就有的本能，就像人的四肢是與生俱來的一樣。可見，孟子的性善論只是指每個人在本質上都有向善的可能，而不是指人在任何情況下都會自然而然地走向善。所以，孟子又主張人若要保持向善的本性，後天修養必不可少，其基本的道德修養途徑就是「求其放心」和「盡心」，「學問之道無他，求其放心而已矣」，「盡其心者，知其性也；知其性，則知天矣」。〔註6〕顯然，孟子的人性論在主要方面和孔子的人性論是一致的。

〔註2〕 韓青民：《當代哲學人類學》第 1 卷第 4 頁，南寧：廣西人民出版社，1998
年。
〔註3〕 《論語‧陽貨》。
〔註4〕 《孟子‧告子上》。
〔註5〕 《孟子‧公孫丑上》。
〔註6〕 《孟子‧告子上》。

2、荀子和韓非的性惡論

先秦「性惡論」的代表人物一般認為是荀子。荀子的「性」是指自然的天性，即沒有經過後天加工的人的自然屬性，「生之所以然者謂之性」〔註7〕，「性者，本始材朴也」〔註8〕，「今人之性，饑而欲飽，寒而欲暖，勞而欲休」〔註9〕「凡性者，天之就也——不可學，不可事，而在人者謂之性」〔註10〕。在荀子眼裏，所謂惡就是所謂的「爭奪生而辭讓亡」，「殘賊生而忠信亡」，「淫亂生而禮義文理亡」的行為，「今人之性，生而有好利焉，順是，故爭奪生而辭讓亡焉；生而有疾惡焉，順是，故殘賊生而忠信亡焉；生而有耳目之欲，有好聲色焉，順是，故淫亂生而禮義文理亡焉。」〔註11〕。可見，荀子並沒有認為「生而有好利焉」的「性」本身就是「惡」，造成」惡」的真正原因是「順是」，即放任人的自然屬性；作為人的自然屬性的「性」只是隱含了「惡」的可能，並不必然帶來「惡」的後果。所以，我們認為荀子眼中的人性惡，其實只是指人的自然屬性具有惡的可能性，如果任憑人的天性毫無節制的滿足，泛濫無歸地攫取，那麼必是「爭奪生而辭讓亡」、「殘賊生而忠信亡」、「淫亂生而禮義文理亡」。但是後來的人們卻堅持將荀子作為人性惡的代表，原因有二：其一、韓非子是公開宣稱人性惡者，而韓非子是荀子的學生，其思想是荀子思想的繼承與發展；其二、荀子從人與動物的共性談人性，而從人的角度看，動物總比人要「惡」，將人與動物共同的生理本能視為人性，當然具有「性惡論」的特點。人性即惡，人又何以行善呢？荀子說那是因「化性起偽」的結果。「偽」者，人為也。這個「偽」與現在一般意義上的「偽裝」、「虛偽」不一樣，是指與自然天性相對應的社會人為。荀子解釋「性偽之分」時說：「不可學，不可事之在天者，謂之性；可學而能，可事而成之在人者，謂之偽，是性偽之分也」〔註12〕。實際上，「偽」在荀子的人性論裏，是褒義不是貶義，是指人的後天的道德行為、道德實踐，「性者，本始材朴也；偽者，文理隆盛也。無性則偽之無所加，無偽則性不能自美；性偽合，然後聖人之名一，天下之功於是就也。故曰：天地合而萬物生，陰陽接而變化起，性偽

〔註7〕《荀子・正民》。
〔註8〕《荀子・禮論》。
〔註9〕《荀子・性惡》。
〔註10〕同上。
〔註11〕《荀子・性惡》。
〔註12〕同上。

合而天下治」〔註13〕。所以他贊成對人性進行後天改造，主張應由「聖人」來「化性而起偽」，通過「起偽」使人人為善，人人成聖，「塗之人可以為禹」，「聖人者，人之所積而致也。」〔註14〕

韓非子被公認為是先秦法家思想的集大成者。在人性論的問題上，韓非子更多從人的外在行為特徵而做經驗判斷，而不是從抽象的角度去做思維辨析。他認為，人的自私表現在兩個方面：一是趨利，二是避害，「夫安利者就之，危害者去之，此人情也」。他進一步斷言，每個人天生「皆挾自為之心」，即每個人都以計算之心相互對待，即便是父母子女之間也是如此，「父母之於子也，產男則相賀，產女則殺之，此俱出父母之懷衽，然男子受賀，女子殺之者，慮其後便，計之長利也。故父母之於子也，猶用計算之心以相待也，而況無父子之澤乎！」〔註15〕父母、子女之間尚且以計算之心相待，何況其他？韓非子還對君臣及社會上的其他人際關係也做了「私」的清算。他說「且臣盡死力以與君市，君垂爵祿以與臣市，君臣之際，非父子之親也，計數之所出也。」〔註16〕基於對人性的這種考察，韓非子得出結論：治理國家千萬不能指望民眾去做好事，而只能用法律禁止他們幹壞事。「夫聖人之治國，不恃人之為至善也，而用其不得為非也。」〔註17〕韓非子還指出，人的那種自私、好利本性是改造不了的，而且也無須改造，倒是要利用人的這種惡性來進行統治，「凡治天下，必因人情。人情者有好惡，故賞罰可用。賞罰可用，則禁令可立而治道具矣。」〔註18〕韓非子既認為人心本自私，又主張「因人情」，這並不意味著他主張讓人們由著自己的「私性」行事。他其實是主張用利害關係來調節人與人之間的關係，有針對性地採取「明賞罰」的對策。《韓非子》中關於明賞嚴罰的言論比比皆是。所謂明賞嚴罰上升到制度高度便是「法」，因此韓非子特別強調「法」，把法治思想闡述得十分透徹，也因此成為法家的主要代表。

3、世碩和告子的人性論

性有善有惡說的提出者是世碩。世碩把孔子提出的人性問題向前推進了

〔註13〕《荀子·禮論》。
〔註14〕《荀子·性惡》。
〔註15〕《韓非子·六反》。
〔註16〕《韓非子·難一》。
〔註17〕《韓非子·顯學》。
〔註18〕《韓非子·八經》。

一步，使之更加具體化。他認為人的本性有善和惡兩方面，關鍵是看如何引導，若是從好的一面去培養和引導，善的品行就會滋長、增進；要是從壞的方面去培養和引導，惡的品行就會更加惡劣。世碩的著作《世子》早已遺失，後來的人們見其性有善有惡說，其實主要是通過王充的引述「人性有善有惡，舉人之善性，養而致之則善長；性惡，養而致之則惡長」〔註19〕。世碩認為人生下來就有「善」有「惡」，實為唯心之說，但其說強調後天的教養和引導，無疑是正確的。

針對世碩的性有善有惡論，告子提出「性無善無不善」的觀點，即人的本性是既無善也無不善的，之所以有善惡之別乃是後天形成的，是後天的客觀條件決定了人性趨於善還是惡。告子的性有善有惡論反對天生善惡觀，具有唯物主義成分，但是他把人與一般動物混同起來，把人性看作是對飲食的要求和對異性的嚮往，即「食色性也」。其實人不僅是自然的人，更是社會的人，告子僅僅從自然屬性上研究人性，卻忽視了社會性才是人的根本屬性，其人性論無疑有偏頗之失。

二、賢良文學與大夫御史關於人性的辯難

從《鹽鐵論》看，大夫、御史與賢良、文學關於人性之爭主要存在於兩個方面，即人的本性是什麼，人的本性是否可變？

1、大夫御史的人性論

大夫、御史認為人的本性是自私的，大夫引用司馬子的話：「司馬子言：『天下穰穰，皆為利往。』趙女不擇醜好，鄭嫗不擇遠近，商人不媿恥辱，戎士不愛死力，士不在親，事君不避其難，皆為利祿也」。並批判說，儒墨之說其實很虛偽，「儒、墨內貪外矜，往來游說，栖栖然亦未為得也。故尊榮者士之願也，富貴者士之期也。」〔註20〕司馬子即司馬遷，大夫擡出他的言論無非是用來佐證其觀點的正確性。不過司馬遷在《史記》中的確表達過自私是人的本性的說法：「富者，人之情性，所不學而俱欲者也」。〔註21〕司馬遷為此舉了很多生活中的實例。「壯士在軍，攻城先登，陷陣卻敵，斬將搴旗，前蒙矢石，不避湯火之難者，為重賞使也。其在閭巷少年，攻剽椎埋，劫人

〔註19〕 《論衡·本性》。
〔註20〕 王利器：《鹽鐵論校注（定本）》第 230～231 頁，中華書局，1992 年。
〔註21〕 《史記·貨殖列傳》第 3271 頁，中華書局，1959 年。

作奸，掘冢鑄幣，任俠併兼，借交報仇，篡逐幽隱，不避法禁，走死地如鶩者，其實皆為財用耳。今夫趙女鄭姬，設形容，揳鳴琴，揄長袂，躡利屣，目挑心招，出不遠千里，不擇老少者，奔富厚也。遊閒公子，飾冠劍，連車騎，亦為富貴容也。弋射漁獵，犯晨夜，冒霜雪，馳坑谷，不避猛獸之害，為得味也。博戲馳逐，鬬雞走狗，作色相矜，必爭勝者，重失負也。醫方諸食技術之人，焦神極能，為重糈也。吏士舞文弄法，刻章偽書，不避刀鋸之誅者，沒於賂遺也。農工商賈畜長，固求富益貨也。」最後得出結論：「此有知盡能索耳，終不餘力而讓財矣。」〔註22〕

　　但是大夫、御史的人性自私論，追蹤溯源，實際上是來之於法家。這一點可從管子及韓非子的言語可容易看出。管子有言：「夫凡人之情，見利莫能勿就，見害莫能勿避」，這樣例證很多，「其商人通賈，倍道兼行，夜以續日，千里而不遠者，利在前也。漁人之入海，海深萬仞，就彼逆流，乘危百里，宿夜不出者，利在水也」，「故利之所在，雖千仞之山，無所不上，深源之下，無所不入焉。」〔註23〕韓非子則明確說：「人為嬰兒也，父母養之簡，子長而怨。子盛壯成人，其供養薄。父母怒而誚之。子、父，至親也，而或譙或怨者，皆挾相為而不周於為己也」，至於「夫賣庸而播耕者，主人費家而美食，調布而求易錢者，非愛庸客也，曰：如是耕者且深，耨者熟耘也。庸客致力而疾耕耘者，盡巧而正畦陌疇畤者，非愛主人也，曰：如是羹且美，錢布且易云也。此其養功力，有父子之澤矣，而心調於用者，皆挾自為心也。」〔註24〕由此可見大夫、御史雖沒有直接給予人的自私本性以善與惡的評價，但其思想與法家的性惡論無異是一脈相承的，可視為性惡論。

　　大夫不但承認人性惡，而且理直氣壯地認為人性惡並非是壞事，人之所以能積極進取，實現人生功利就在於人之性惡，因而不承認人性惡的人其實很虛偽。大夫、御史曰：「夫懷枉而言正，自託於無欲而實不從，非此士之情也？昔李斯與包丘子俱事荀卿，既而李斯入秦，遂取三公，據萬乘之權以制海內，功侔伊、望，名巨泰山，而包丘子不免於甕牖蒿廬，如潦歲之蛙，口非不眾也，卒死於溝壑而已。」〔註25〕

〔註22〕《史記・貨殖列傳》第3271頁，中華書局，1959年。

〔註23〕《管子・禁藏》，中華書局：《諸子集成》（五）本，第291頁。

〔註24〕《韓非子・外儲說左上》。

〔註25〕《鹽鐵論・毀學》，王利器：《鹽鐵論校注（定本）》第229頁，中華書局，1992年。

關於人性是否可變，大夫認為人性不可改變，教育是無用的。大夫說：「性有剛柔，形有好惡。聖人能因而不能改，孔子外變二三子之服，而不能革其心。故子路解長劍，去危冠，屈節於夫子之門，然攝齊師友，行行爾，鄙心猶存。宰予晝寢，欲損三年之喪，孔子曰：『糞土之牆，不可杇也。』『若由不得其死然』。故內無其質而外學其文，雖有賢師良友，若畫脂鏤冰，費日損功。故良師不能飾戚施，香澤不能化嫫母也。」﹝註26﹞在這裏，可能桑弘羊並不是意圖否定教育的作用，而只是與論敵舌戰，指斥對方所尊崇的人不值得敬仰。但可以清楚地看到，他認為人性是不可改變的。在《鹽鐵論·疾貪》中，大夫更明白地表明了否定教育的觀點。桑弘羊說：「為醫以拙矣，又多求謝。為吏既多不良矣，又侵漁百姓。長吏屬諸小吏，小吏屬諸百姓，故不患擇之不熟，而患求之與得異也。不患其不足也，患其貪而無厭也。」﹝註27﹞這表明桑弘羊已認識到了貪官污吏不可容忍，但隨後他又說「賢不肖有質，而貪鄙有性」，不是外在力量能夠改變的，就是周公子產都拿他們沒辦法。「賢不肖有質，而貪鄙有性，君子內潔己而不能純教於彼。故周公非不正管蔡之邪，子產非不正鄧皙之偽也。夫內不從父兄之教，外不畏刑法之罪，周公子產不能化，必也。今一二則責之有司，有司豈能縛其手足而使之無為非哉？」﹝註28﹞將他的人性論與吏貪論聯繫起來看，結論自然是：貪官們此所以前仆後繼、無法根絕的根本原因是人的本性就是惟利是圖，當人們掌握了一部分權力後，當然要利用它來謀取私利了。推而廣之，一切人的自私人性也不可改變的。

2、賢良文學的人性論

賢良、文學反對人性自私論的觀點，認為自私的人與禽獸無異：「南方有鳥名鵷鶵，非竹實不食，非醴泉不飲，飛過太山，太山之鴟俯啄腐鼠，見鵷鶵而嚇，今公卿以其富貴笑儒者，為之常行，得無若太山鴟嚇鵷鶵乎？﹝註29﹞當大夫、御史責備賢良、文學出言不遜時，賢良、文學不但不道歉，反而直斥大

﹝註26﹞《鹽鐵論·殊路》，王利器：《鹽鐵論校注（定本）》第272頁，中華書局，1992年。

﹝註27﹞《鹽鐵論·疾貪》，王利器：《鹽鐵論校注（定本）》第414頁，中華書局，1992年。

﹝註28﹞同上，第415頁。

﹝註29﹞《鹽鐵論·毀學》，王利器：《鹽鐵論校注（定本）》第229頁，中華書局，1992年。

夫、御史們是連啄死老鼠吃的鴟鳥都不如：「夫太山鴟啄腐鼠於窮澤幽谷之中，非有害於人也，今之有司盜主財而食之於刑法之旁，不知機之是發，又以嚇人，其患惡得若太山之鴟乎？」〔註30〕賢良、文學又針對大夫、御史自私性使人積極進取說，指出自私的人會被自私所害，賢良、文學曰：「君子懷德，小人懷土，賢士徇名，貪夫死利。李斯貪其所欲，致其所惡。孫叔敖早見於未萌，三去相而不悔，非樂卑賤而惡重祿也，慮遠而避害謹也。」〔註31〕

賢良、文學認爲人性是可以改變的，貪官是後天形成的，基層小官吏貪贓枉法，則是高層逼出來的，桑弘羊這些當權派應對此負責，「今小吏祿薄，郡國繇役，遠至三輔，粟米貴不足相贍。常居則匱於衣食，有故則賣畜粥業。非徒是也，繇吏相遣，官庭攝追，小計權吏，行施乞貸，長吏侵漁，上府下求之縣，縣求之鄉，鄉安取之哉？」賢良、文學打比喻說：「語曰：『貨賂下流，猶水之赴下，不竭不止。』今大川江河飲巨海，巨海受之，而欲谿谷之讓流潦，百官之廉，不可得也」，所以「夫欲影正者端其表，欲下廉者先之身。故貪鄙在率不在下，教訓在政不在民也。」〔註32〕在人性的後天教育問題上，賢良、文學的觀點與大夫、御史教育無用論的觀點截然相反。當大夫、御史表達了「孔子外變二三子之服，而不能革其心」觀點之後，賢良、文學說：「人事加則爲宗廟器，否則斯養之爨材。干越之鋌不厲，匹夫賤之；工人施巧，人主服而朝也。夫醜者自以爲姣，故飾；愚者自以爲知，故不學。觀笑在己而不自知，不好用人，自是之過也。」〔註33〕

三、賢良文學與大夫御史人性之爭的實質及意義

人是經濟活動的主體，主導著生產、分配、交換和消費。人的行爲決定了經濟活動的規律性，經濟倫理學必須建立在對人的行爲的正確分析的基礎上，人性論自然是經濟倫理學的基石。《鹽鐵論》的人性之爭的語言雖簡約，內涵卻精深，對現代經濟倫理學的發展頗有啓發意義。

其一、大夫、御史與賢良、文學關於人的本性是什麼，其實質是從事實

〔註30〕同上，第229頁。

〔註31〕同上，第231頁。

〔註32〕《鹽鐵論·疾貪》，王利器：《鹽鐵論校注（定本）》第415頁，中華書局，1992年。

〔註33〕《鹽鐵論·殊路》，王利器：《鹽鐵論校注（定本）》第273頁，中華書局，1992年。

描述的角度，從人性的高度對人類行為根本原因的追問。其論有助於科學認識人類經濟行為的實質，揭示經濟倫理學研究的基本對象。

從事實的角度論認識人性，關鍵在於正確理解人的本性、人性的含義及其關係。然而在這個問題上，人們的看法實際上並不一致：一種觀點認為，「人的本性是人的本來面目或原初規定性」，「而人性則是指人的實際面目或現實規定」；另一種觀點則認為「人的本性是人區別於動物的根本屬性，而人性抑或為人的本性，抑或為人的本性決定的，區別於動物的所有屬性之和」。〔註34〕我們認為第一種觀點視人的本性為人的本來面目或原初規定性存在一個追溯程度的問題：是將人的本來面目追溯到發出第一聲啼哭的嬰兒，孕育於母腹的胎兒，還是人類進化的生物基礎，自然元素。如果是這樣的話，那就實在無法分清人與生物，甚至無機物有何本質區別。而將人性視為「人的實際面目或現實規定性」則否定了非現實存在的人曾經有過的「人性」以及將變成現實存在的人將有的「人性」，是一種完全否定抽象人性存在的機械人性論。第二種觀點雖然正確地認識到人性與動物性的區別，並且指出了人性可以作狹義與廣義兩種理解，但沒有正確認識到從根本上講並不是人的根本屬性決定其它屬性，而是其它屬性決定人的根本屬性，因為這些所謂的其它屬性，如自然性、生物性是根本屬性存在與發展的基礎，而人的根本屬性是無法消滅它們，在某些情況下甚至無法從實質上改變它們，因為消滅與改變它們也就意味著取消了、改變人的根本屬性的基礎，也即消滅人。可見，人性從狹義上理解即人的根本屬性，從廣義上理解即人的所有有別於它物的屬性，包括人的生物性。以此觀點視之，從總體上看，大夫、御史人性論可歸於第一種觀點，賢良、文學的人性觀則可歸於第二種觀點。但兩者的偏頗也是顯然的。

需要指出的是，儘管在通常情況下我們可以對人性作廣義與狹義的理解，但在分析人類行為，主要指經濟行為的決定因素時，我們卻只能對人性從廣義上進行理解，因為人性各要素是相互融合、難分彼此，而人類行為也不是單獨某一人性因素引起的。那麼構成人性的基本要素有哪些呢？我們認為人是自然演化、生物進化，並存在於社會，創造並享受文化的特殊存在物，其人性的構成要素就是人的自然性、生物性，社會文化性。當然，人性的三

〔註34〕北京大學哲學系主編：《馬克思主義與人》第7頁，北京：北京大學出版社，1983年。

種要素在總體人性的地位是不同的，因此它們在人的經濟行為決定中所起的作用也不相同。自然性、生物性是形成人類經濟行為的物質、能量基礎，它們決定了人類的物質、能量交換活動及其生理活動；社會、文化性則反映人性的整體性、系統性、理性，它們決定人類經濟行為的理智性。同時這三種人性要素又是相互聯繫，相互轉化的，結果是使每種人性要素都具有兩面性，即既包含它身的本性，同時又擁有人性的整體特徵。具體而言，自然、生物性在人的社會、文化性指導規範下，不再是純自然，生物性，而人的社會性始終也擺脫不了人的自然性、生物性的基礎作用。正是由於人性的各要素相互決定，相互作用，相互轉化，彼此難分難捨，共同決定人類的經濟行為，所以人類的任何經濟行為均具有人性的總體性特徵，這就從根本上決定了「經濟」始終是「物質」的，但「經濟」從來就不只是「物質」的。道理很簡單，人和動物都要解決自己的生存問題，都要追求物質享受，為什麼唯獨人的物質活動被賦予「經濟」的意義，或者被稱為「經濟」，而對動物或動物自身則沒有這樣的概念？其原因就在於人與動物的根本區別：人是社會的動物或文化的，精神的動物，人的物質活動具有社會、文化性，精神性。經濟的人性從根本上決定了經濟倫理學作為研究經濟問題的科學不能等同於單純的物質生產之學，它是一種人學，其研究的基本對象就是由這種總體性的人性決定的人類經濟行為，而不是理論中才能存在的純經濟人或純道德人。賢良、文學所蔑視的「小人」無非是生物求利性比較突出的人而已。大夫、御史則只是抽象地肯定人的求利性。其實，從事實角度看，「小人」與「君子」都是經濟倫理學研究的對象，二者的區別只在於「小人」求利而不問義，君子則以義生財，依義用財。

其二、大夫、御史與賢良、文學關於人性善惡之爭，實質是以人性一定的事實為依據，對人性作善與惡的價值評價。這種人性論啓示我們科學認識經濟倫理學研究的根本目的。

由於人性善惡之說只是以一定的事實為依據，對人性作善與惡的價值評價，因而兩種人性說都有其合理性和片面性。性善論是一種抽象人性論，但這種抽象人性論缺乏對人性惡的一面的抽象，更何況性善論考察的往往是「人之初」的人，而「人之初」的人，其動物性的表現還是很強烈的，所以性善論有以偏概全的弊端。另外性善論完全割裂人與動物的聯繫而全盤否定動物的善性，即動物具有的利他性。正因為如此，在思想史上，這種人性論者面臨著不

能圓滿解釋惡的來源的困難：如，孟子以存養不當導致本心放失來釋惡，但是失了人性的人就應該沒有人性了，既然沒有人性，孟子所謂的「求放心」也就無從談起。性惡論則只強調到人與動物的共性，卻忽視了人相對於動物而言的個性才是人性之根本，相對性善論，這可以說是一種倒退。在實際中，這種人性論容易導致人性與獸性混淆的結果，不符合人類道德理性向善的方向，這可以說是性惡論不能佔據中國傳統人性論主導地位的根本原因。另外這種人性論只將人的動物性視為人性，但並未認識到當將動物性視為人性時，人性的既可為惡又可為善的特徵反過來同樣為動物所具有，實際上這種人性論不但沒有認識到這一點，反而在否定這一點，因為它認為性善乃後天禮義教化的結果，而動物是受不到禮義教化的。再次，這種人性論認為人性的可造就性時只強調社會禮義，即文化的正面誘導性，卻沒有注意「錯誤的理論導致錯誤的行動」的文化誤導性。有的人之所以「禽獸不如」，不就是因為其惡高於禽獸，而其惡高於禽獸的重要原因不就是因為文化的作用使其有了超越動物的欲望與實現欲望的能力？另外，這種人性論只強調道德規範的教化與修養作用，但並未為此提供形而上的哲學依據，同時也沒有充分注意人對自己心靈的支配作用，因而具有太多的強制性，影響它對道德修養的功能。大夫、御史與賢良、文學分持人性善與人性惡論，自然各自分別繼承了兩種人性說的缺陷，結果只能是在辯論中都自恃其理，卻都被對方責為不合理。

賢良、文學與大夫、御史雖分持人性善與人性惡論，但他們的人性論卻有一相同點，那就是都將承認或推崇人性善惡之說與其可能產生的人生後果相聯繫：大夫、御史強調人性自私的積極作用，賢良、文學則擔憂自私的消極作用。其實，事實的人性決定了價值認同的人性應該是善與惡的複合體。經濟倫理學研究的根本目的就是提升人性，即以道德理性指導人的求利活動，使經濟活動不變為單純的動物式求生存活動，而是人的經濟活動。以此思想視之，可以發現賢良、文學的人性善論的主要缺陷是沒有從道義上論證求利行為的合德性，反而因其過於將求利行為與「小人」相聯而在事實上貶低了求利行為的合德性。大夫、御史人性惡論的主要缺陷則是雖認識到求利是人的生存、發展之基礎，卻未能在人性的高度上指出非德性的求利活動的確與動物的生存本能無太大的區別，甚至會由於人的非德性的理性而產生禽獸活動所無法產生的害人後果。不過他們的缺陷恰為今天的人們克服缺陷，確立現代經濟倫理學的研究目的提供了啟示。

其三、大夫、御史與賢良、文學關於人性是否可變的爭論，實質爭論的是人性之體與人性之用的關係如何，爭論的基礎則是關於最根本的人性之體的不同認識。這種爭論有助於科學認識德、法兼治促進經濟發展的必要性。

所謂人性之體指一切人的共同性、普遍性，也即一切人所具有的必然的，不變的屬性，是人與生俱來的屬性。不變的人性包括哪些呢？不變的人性自然既包括人的求利性，又包括人的道義性。從大夫、御史與賢良、文學的人性善惡之爭可以發現，大夫、御史雖強調人性之惡，但並未說明人毫無良善之品質，而賢良、文學雖強調人之初，性本善，也並不否定人的惡的一面，因為其所謂的「小人」畢竟也是人。那麼，兩派之爭的實質究竟是什麼呢？在我們看來，兩派爭論的實質是求利的感性與道德理性何為最根本的人性，即何為最根本的人性之體。大夫、御史認為是前者，賢良、文學則認為是後者。

大夫、御史與賢良、文學這種人性之爭實為人類共同探討的問題。千年後，法國功利派與義務派的代表人物康德繼續了這個永恒的爭論。法國功利派與康德都認為人性是感性與理性的統一。但前者強調人是感性的存在，理性不過是人的感性需要實現的手段。功利主義者代表人物，如愛爾維修、霍爾巴赫都認為趨樂避苦是人的本性，「利益或幸福的欲求是人的一切行為的唯一動力。」〔註35〕但是他們也認識到個人與社會是不可分離的，理性使人認識到個人要滿足自己的需要必須結成社會，通過實現別人的利益來實現自己的利益。由是愛別人，在功利主義者看來就是愛那些使我們自己幸福的手段，「對於別人的愛，在人身上也只不過是愛自己的結果，因而只不過是他的身體的感受性的結果。」〔註36〕與功利派的人性觀不同，康德認為人雖屬於感性世界，但理性才是人的根本屬性，儘管人只是「有限的理性」的存在，「人們發現，在他們自身之內確實存在一種把他們和其它動物區別開，以至於把他們和被對象所作用的自我區別開來的能力，這就是理性。」〔註37〕康德據此指出功利派的人性論實際上是將人視為由其自然本性驅使的動物而已。對照大夫、御史與賢良、文學的思想，我們不難發現，大夫、御史與法國功利

〔註35〕霍爾巴赫：《自然的體系（上卷）》第297頁，管士濱譯，北京：商務印書館，1964年。

〔註36〕周輔成主編：《西方倫理學名著選輯（下卷）》第64頁，北京：商務印書館，1996年。

〔註37〕康德：《形而上學原理》第118頁，上海：上海人民出版社，1986年。

派，賢良、文學與康德，兩兩何其相似，區別就在於大夫、御史與賢良、文學是用簡約的語言闡析複雜問題。

所謂人性之用則指人的變化的、特殊的、偶然的屬性，是人性之體的體現。有趣的是大夫、御史與賢良、文學關於人性之用的論述恰建立在對方的人性之體的論述之上：大夫、御史強調自私性的人性之體，但不說明不同人的好利性不同，反而不斷指責迂於道義的人活得太慘，忘記的是循道而行者未必不幸福；賢良、文學強調人的道德理性，卻不說明不同的人德性不等，反而念念不忘譴責求利的小人，其實所謂的小人不過是好利而不顧義者。這是值得研究卻被學界忽視的問題。我們認為這是由於兩派的人性之爭的目的使然。兩派的人性之爭的根本目的顯然不是為了在理論上比個高低，而是以各自的人性論為依據論證各自的治國之策的合理性。大夫、御史重視施用刑罰，強調「令者所以教民也，法者所以督姦也」〔註 38〕，而且力主施用重刑密法，「千仞之高，人不輕凌，千均之重，人不輕舉。商君刑棄灰於道，而秦民治。故盜馬者死，盜牛者加，所以重本而絕輕疾之資也。……盜傷與殺同罪，所以累其心而責其意也。……故輕之為重，淺之為深，有緣而然。法之微者，固非眾人所知也。」〔註 39〕大夫、御史的重刑思想是武帝以來密織法網、嚴刑酷罰治國方針的延續，也是西漢當政的統治者堅持君主專制的政治本質與階級本性之流露。〔註 40〕賢良、文學從「進本」和重義的認識出發，認為政治的目的不是追逐眼前之利，而是實現儒家的理想政治，所以主張用仁義禮制等道德規範化育百姓，「故治民之道，務篤其教而已」，強調德治才是統治者治理國家的最佳選擇，「道逕眾，人不知所由；法令眾，民不知所辟」，〔註 41〕賢良、文學認為法制無益於治，反而會造成更大的混亂和動盪，「故德教廢而詐偽行，禮義壞而姦邪興，言無仁義也」。〔註 42〕德治的實質是張揚人

〔註 38〕 《鹽鐵論・刑德》，王利器：《鹽鐵論校注（定本）》第 565 頁，北京：中華書局，1992 年。

〔註 39〕 《鹽鐵論・刑德》，王利器：《鹽鐵論校注（定本）》第 566 頁，北京：中華書局，1992 年。

〔註 40〕 張林海、殷勤：《〈鹽鐵論〉刑、德之爭及其當代意義》。鄭州：《中州學刊》，2004 年 3 月。

〔註 41〕 《鹽鐵論・刑德》，王利器：《鹽鐵論校注（定本）》第 565 頁，北京：中華書局，1992 年。

〔註 42〕 《鹽鐵論・刑德》，王利器：《鹽鐵論校注（定本）》第 567 頁，北京：中華書局，1992 年。

的德性而自治，其人性論基礎顯然只能是人性善，否則德治不可能。法治是外在的規範強制，其人性論基礎只能是人性惡，否則法治沒必要。以今天的經濟倫理學觀點視之，法治是緣於求利的人性之體而必須的無奈之擇，德治是緣由人的德性之體應擴充的有效之策，德治與法治必須兼顧，經濟方能良性發展。

第三章 義利論:《鹽鐵論》經濟倫理思想的核心

　　義,「義者,宜也」(《中庸》),便是"適宜"的意思,後來則代指人類社會活動和人際關係中應當遵循的最高原則和應當追求的最高道德。利,是指能滿足人類生活需要的利益和功利。義、利代表著特定的道德價值論與道德價值導向,從而廣泛地滲透在經濟、法、社會、歷史領域中。從經濟層面看,義、利一方面分別代表共同利益與個人利益,另一方面則代表社會規範與經濟利益;從法律層面看,義、利分別表現為義務與權利;從社會層面看,義、利分別表現為社會團結與個人自由;從歷史層面看,義、利分別表現為秩序與動力。義與利可謂是經濟倫理學最重要的範疇與核心問題,同時也是經濟倫理思想的一對基本矛盾。

　　我國古代關於義、利的討論,一般認為首見於《左傳》。《左傳・昭公十年》記當時齊國大政治家晏嬰的觀點:「凡有血氣,皆有爭心,故利不可強,思義為愈。義,利之本也。蘊利生孽,姑使無蘊乎!」[註1] 其語強調要見利思義,視義為利之本,若總是見利忘義,必然會自取滅亡。從那以後,義利關係便成為我國經濟倫理思想的一個重要範疇,一個不能迴避的領域。鹽鐵會議以賢良、文學為一方,以御史、大夫為另一方,對許多具體問題展開爭論,而其中貫穿始終的一個關乎全局的思想基調則是雙方的義利之爭。

〔註1〕 《左傳・昭公十年》。楊伯峻:《春秋左傳注》第 1317 頁,北京:中華書局,1981 年。

一、先秦時期的義利之辯

　　義利關係問題是中國傳統文化中的一個重要問題，也是歷代哲人所關注的一個經濟倫理核心和基本問題。其中先秦諸子的義利之爭在我國古代紛爭不息、源遠流長的義利之辯中影響最大。先秦諸子百家爭鳴，在義利關係上的主張上，逐漸形成了儒家的重義輕利觀、法家的重利輕義觀、道家的義利俱輕觀和墨家的義利合一觀。這些義利觀，主要是儒、法兩家的義利觀對《鹽鐵論》的義利論產生了重大影響。

1、儒家的重義輕利論

　　儒家的重義輕利觀以孔孟為代表。孔子認為，義不但是區分小人與君子的標準，而且是規範自己行為的根本準則，因而是做人的根本。他說：「君子喻於義，小人喻於利」，「君子之於天下也，無適也，無莫也，義之與比。」〔註2〕「君子義以為質，禮以行之，遜以出之，信以成之。君子哉！」〔註3〕同時，孔子也不反對利，對符合一定條件下的獲利行為是贊許的，「富而可求，雖執鞭之士，吾亦為之」。〔註4〕在義與利的關係上，孔子認為義重而利輕，「不義富且貴，於我如浮雲」，「富與貴，是人之所欲也，不以其道得之，不處也；貧與賤，是人之所惡也，不以其道得之，不去也。」〔註5〕孟子既繼承了孔子的義的觀點，如他在見梁惠王時說，「何必曰利，亦有仁義而已矣。」〔註6〕同時又發展了孔子利的觀點，提出「若民，則無恒產，因無恒心」，「故明君制民之產，必須仰足以事父母，俯足以蓄妻子；樂歲終身飽，凶年免於死亡，然後驅而為善。故民之從之也輕。」〔註7〕這說明孟子看到的「利」不是一人之利，而是家庭、國家之利，而且看到了利對於義的積極作用。這是他比孔子進步的地方。荀子認為應該義利兼顧，因為「義與利者，人之所兩有也。雖堯舜不能去民之欲利，然而能使其欲利不克其好義也。雖桀紂亦不能去民之好義，然而能使其好義不勝其欲利也。」〔註8〕但主張「先義後利」，即「義之所在，不傾於權，不顧其利，舉國而與之不為改視」，「先義而後利者榮，

〔註 2〕　《論語‧里仁》。
〔註 3〕　《論語‧衛靈公》。
〔註 4〕　《論語‧里仁》。
〔註 5〕　《論語‧里仁》。
〔註 6〕　《孟子‧梁惠王上》。
〔註 7〕　《孟子‧梁惠王上》。
〔註 8〕　《荀子‧大略》。

先利而後義者辱。」〔註9〕強調在義利關係中，「義」處於統帥、主導地位，應該「以義制利」，「以義勝利」。儒家的重義輕利觀在事實上肯定利，在價值上推崇義無疑是合理的。但由於時代的局限和儒家學說不能濟當時的統治者之急，在先秦時期，儒家的義利之說主要停滯在倫理道德範疇的討論，既沒有爲統治者採用，也沒有爲社會所接受。他們的所謂的「義」主要成爲對個人理想人格的不懈追求。

2、法家的重利輕義論

　　早期法家兼重仁義，管仲認爲「倉廩實則知禮節」，並以禮義廉恥爲國之四維。至商鞅，一反儒家義本利末思想，提出：「利者，義之本也。」韓非則強調政治強制與強烈的「計算之心」，完全否定道德規範對利的制約。法家的義利觀，以韓非子爲代表。出於人本自私的人性論前提，韓非子完全否定道德的作用，認爲仁義之道已過時落伍，韓非子說「故文王行仁義而王天下，偃王行仁義而喪其國，是仁義用於古而不用於今也」，「夫慕仁義而弱亂者，三晉也；不慕而治強者，秦也。」〔註10〕「故有道之主，遠仁義，去智能，服之以法。」〔註11〕主張拋棄仁義，甚至將仁義之道列爲危害國家、導致國家破亡的「五蠹」之一。〔註12〕不過我們並不能以此而認爲韓非子完全拋棄了「義」，實際上，韓非子反對的是以「私」爲內涵的仁義，主張的是以「公」爲內涵的仁義。韓非說：「匹夫有私便，人主有公利。」〔註13〕這個「公」就是君主與國家公利。或者說，韓非認爲，君主的公利就是「義」。所以，法家在義利觀上的主張是以公利爲義。這種義利觀是一種整體主義義利觀，極容易演變爲漠視人民利益的專制主義的義利觀。

3、道家的義利俱輕論

　　道家的義利觀常被人們概括爲義利俱輕。道家的代表人物老子認爲儒家的「仁義禮忠孝」的道德思想的消極作用太多，應該拋棄，所謂「故失道而后德，失德而後仁，失仁而後義，失義而後禮。夫禮者，忠信薄也，而亂之

〔註9〕　《荀子‧榮辱》。
〔註10〕　《韓非子‧錯法》。
〔註11〕　《韓非子‧五蠹》。
〔註12〕　《韓非子‧五蠹》。
〔註13〕　《韓非子‧八說》。

首也。」〔註14〕老子還認爲，「絕聖棄智，民利百倍；絕仁棄義，民復孝慈；絕巧棄利，盜賊無有。」〔註15〕這段話，第一個「利」，是指老百姓的利益；第二個「利」是指個人利益。老子主張「棄利」的另一重考慮是，只有降低了物質利益的欲望，「知足」、「不爭」，才能「復歸於嬰兒」，達到「清靜世界」。道家認爲，不僅仁義必須摒棄，利益觀念同樣是要被消滅的，唯有如此，社會才會走向和諧。可見，道家有自己的義利追求：其所謂的義就是無爲，利就是全身保真，所棄的是儒家的義與利。

4、墨家的義利合一論

墨家的創立者墨子，一方面貴義，認爲「萬事莫貴於義」。〔註16〕另一方面又重利。不過他所指的利，乃是「民利、公利、互利」，維護這樣的利益，正是義的要求，「仁人之所以爲事者，必興天下之利，除去天下之害。以此爲事也。」〔註17〕「義，天下之良寶也」，「所謂貴良寶也，可以利民也。」〔註18〕可見，墨家持的是「義，利也」的義利同一觀。這種義利觀顯然是一種理想主義的義利觀，正因爲過於理想，所以只能由少數有高度自我犧牲精神的人去實踐。

先秦諸子的義利之說，各執一端，容易產生以局部代替整體的偏頗，「其言雖殊，辟猶水火，相滅亦相生也。仁之與義，敬之與和，相反而皆相成也。」〔註19〕秦漢時代「義利觀」隨著社會經濟發展而變化，其辯證性與對立性並存逐漸成爲這一時代的典型特徵。前者如「利爲害本而福爲禍先。」〔註20〕在義利關係上具有辯證性的認識也更爲明顯；後者則表現爲由多元性發展而爲兩種主要論點的公然對立與辯詰論爭。漢儒董仲舒的「正其誼不謀其利，明其道不計其功」〔註21〕，被視爲此時儒家「義利觀」的範例。他認爲：「凡人之性，莫不善義。然而不能義者，利敗之也，故君子終日言不及利。」〔註

〔註14〕《老子·第三十八章》。
〔註15〕《老子·第十九章》。
〔註16〕《墨子·貴義》。
〔註17〕《墨子·兼愛中》。
〔註18〕《墨子·耕柱》。
〔註19〕《漢書·藝文志》第1746頁，北京：中華書局，1962年。
〔註20〕韓嬰《韓詩外傳》卷一。
〔註21〕《漢書·董仲舒傳》第2524頁，北京：中華書局，1962年。
〔註22〕《春秋繁露·玉英》。

22〕把「義」說成是人性之所在，這不同於前人所說人性好利所以要抑制，因此「不謀利」在他看來不僅是應當提倡的更是順乎人性的。但他也說過「天之生人也，使之生義與利。利以養其體，義以養其心。」〔註23〕這又表現為「義利觀」的辯證性特徵；而在《度制》篇中他提出反對「與民爭利業」，對後世反對「與民爭利」的思想有影響。具有「中國史學之父」之稱的漢代大史學家司馬遷，在著名的《史記·貨殖列傳》中有句名言：「天下熙熙，皆為利來；天下攘攘，皆為利往。」公然肯定人們的行為都是圍繞「利」來進行的，從而提出要「利導之」反對「與之爭」，「不以天下之病而利一人。」〔註24〕他反對君主專利，卻也要求對於求利的行為要「以禮義防於利」〔註25〕。使義之與利，亦如「仁之與義，敬之與和，相反亦相成」〔註26〕，本是後來者的工作。鹽鐵會議的雙方並沒有做到得到，而在新的時代背景下繼續了儒、法兩家的義利之爭而展開激烈的辯論。

二、賢良文學與大夫御史的義利之爭

賢良文學與大夫御史在鹽鐵會議上的爭辯，就其實質說，是義利之辨。如果說賢良文學繼承並發展了孔孟儒家的重義輕利論，那麼大夫御史則繼承並發展韓非子為代表的法家的重利輕義論。

1、賢良文學的義利觀

賢良、文學的義利觀具有重義輕利的特徵。賢良、文學首先以歷史事實為證明重義輕利的必要性：「古者，貴德而賤利，重義而輕財。三王之時，迭盛迭衰。衰則扶之，傾則定之。是以夏忠、殷敬、周文，庠序之教，恭讓之禮，粲然可得而觀也」，與之相對的是「及其後，禮義弛崩，風俗滅息，故自食祿之君子，違於義而競於財，大小相吞，激轉相傾。此所以或儲百年之餘，或無以充虛蔽形也。」〔註27〕但賢良、文學更多是從道德人格修養的角度論重義輕利的必要性：「古之君子，守道以立名，修身以俟時，不為窮變節，不

〔註23〕　《春秋繁露·身之養重於義》。

〔註24〕　《史記·五帝本紀》第 30 頁，北京：中華書局，1959 年。

〔註25〕　《史記·平準書》第 1442 頁，北京：中華書局，1959 年。

〔註26〕　《漢書·藝文志》第 1746 頁，北京：中華書局，1962 年。

〔註27〕　《鹽鐵論·錯幣》，王利器：《鹽鐵論校注（定本）》第 56 頁，北京：中華書局，1992 年。

爲賤易志，惟仁之處，惟義之行。臨財苟得，見利反義，不義而富，無名而貴，仁者不爲也。故曾參、閔子不以其仁易晉、楚之富，伯夷不以其行易諸侯之位，是以齊景公有馬千駟，而不能與之爭名。」〔註28〕可見，無論是從事實上，還是價值上賢良、文學都是重義輕利的。

賢良、文學雖然重義輕利，但並非絕對否定利，只是強調「不能枉道而假財」。在分析君子人格時，一方面，賢良、文學強調君子是不能自饒其家的，「君子因人主之正朝以和百姓，潤眾庶，而不能自饒其家，勢不便也」，賢良、文學爲證明此，打比喻說，義就像行遠者的車，濟江海者的舟，「行遠者假於車，濟江海者，因於舟」，同時又舉了很多事證：「公輸子能因人主之材木，以構宮室臺榭，而不能自爲專屋狹廬，材不足也。歐冶能因國君之銅鐵，以爲金鑪大鍾，而不能自爲壺鼎盤杅，無其用也。……故舜耕歷山，恩不及州里，太公屠牛於朝歌，利不及妻子，及其見用，恩流八荒，德溢四海。故舜假之堯，太公因之周，君子能修身以假道者，不能枉道而假財也。」〔註29〕另一方面，賢良、文學又認爲君子不必刻意避財，能以平和之心待財即可：「君子遭時則富且貴，不遇，退而樂道。不以利累己，故不違義而妄取。隱居修節，不欲妨行，故不毀名而趨勢。雖付之以韓、魏之家，非其志，則不居也。富貴不能榮，謗毀不能傷也。」〔註30〕其所謂「遭時」，實指得到國君重用。但如果沒有「遭時」，就退而樂道，「不以利累己」，「不違義妄取」，「富貴不能榮，謗毀不能傷」。可見，賢良、文學在事實上並不否定利，只是在價值倡導上則強調義在利之上。這顯然是先秦儒家重義輕利觀的繼承。

2、大夫御史的義利觀

大夫、御史重利輕義，主張自利、利國、利民的統一。其中自利是核心。大夫、御史批判賢良、文學時說，自利是利人的基礎，不能自利，焉能利人？「山嶽有饒然後百姓贍焉。河海有潤，然後民取足焉。夫尋常之污，不能溉陂澤，丘阜之木，不能成宮室」，然後進而得出結論：「小不能苞大，少不能贍多，未有不能自足而能足人者也。未有不能自治而能治人者也。故善爲人者能自爲者也。善治人者能自治者也。賢良、文學不能治內，安能理外乎？」

〔註28〕《鹽鐵論·地廣》，王利器：《鹽鐵論校注（定本）》第209頁，北京：中華書局，1992年。

〔註29〕《鹽鐵論·貧富》，王利器：《鹽鐵論校注（定本）》第220～221頁，北京：中華書局，1992年。

〔註30〕同上，221頁。

〔註 31〕自強方能致國強，因而大夫、御史的批評當然不是沒有道理，但「未有不能自足而能足人者」的觀點顯然有些片面，因為它完全否定自我犧牲的道義人物及其道德行為的存在，是一種機械唯物主義的決定論。事實上，自古以來就存在「不能自足而能足人」的道德高尚者，同時也存在「能自足而不願足人」的貪得無厭者。

大夫、御史進而認為一個好的為政者，好的政策就應該滿足人民自利的人性需要，所以也是利民與利國的統一的政策。作為御史大夫的屬官御史就稱讚桑弘羊的經濟政策，使得政府和人民「本末並利，上下俱足」。「御史進曰：『……今大夫君修太公、桓管之術，總一鹽、鐵，通山川之利而萬物殖。是以縣官用饒足，民不困乏，本末並利，上下俱足，此籌計之所致，非獨耕桑農也。』」〔註32〕桑弘羊廢寢忘食，「計數不離於前，萬事簡閱於心」，為漢朝亦即為中華民族開拓疆土而操勞，功不可沒。在中國漫長的歷史畫卷裏，桑弘羊的確應有他一席地位。可見，大夫、御史所反對的是只要利人民，不要利國家的主張與做法。在大夫、御史看來，賢良、文學就是這樣的人，所以給予嚴辭的批評：「不軌之民，困橈公利，而欲擅山澤，從文學賢良之意，則利歸於下，而縣官無可為者。上之所行則非之，上之所言則譏之，專欲損上徇下，虧主而適臣，尚安得上下之義，君臣之禮，而何頌聲能作也？」〔註33〕毫無疑問，大夫、御史談利強調利國利民，利於戰士，本末俱利，眼界要比賢良、文學開闊。但是究其實質，更多的是利國，利於官，利於君主，利民並不是其關注的核心。所以實際上大夫、御史的自利，利國、利民的「三利」說只能視為一種政治宣傳而已。另外，大夫、御史從事實談利，卻迴避對利的價值考問，因此「輕義」已隱含在其「重利」觀中了。從這個意義上講，可稱大夫、御史的義利觀為重利輕義的義利觀，也可視其義利觀為先秦法家義利觀的繼承。

3、賢良文學與大夫御史義利之爭的實質

從理論上看，大夫、御史與賢良、文學的義利之爭是先秦儒、法兩家義利之爭的繼續，其實質就是貴民思想與忠君思想的對立。但是與先秦儒、法義利觀相較，賢良、文學與大夫、御史的義利之辯已經與經濟運作更緊密地

〔註31〕同上。

〔註32〕《鹽鐵論‧輕重》，王利器：《鹽鐵論校注（定本）》第 178 頁，北京：中華書局，1992 年。

〔註33〕《鹽鐵論‧取下》，王利器：《鹽鐵論校注（定本）》第 462 頁，北京：中華書局，1992 年。

糅合在一起，其內容已經發生了根本的轉變。我們要用歷史的眼光區分不同時代的思想意識形態，而不能簡單的把《鹽鐵論》的義利之辯看作是先秦義利之辯的簡單恢復或延續。

儒家貴民思想的代表是孟子，孟子曰：「民爲貴，社稷次之，君爲輕。是故得乎丘民，而爲天子。」〔註34〕賢良、文學秉承與發展孟子的民貴君輕論，將貴民思想概括爲：哀民、憂民、利民、教民。所謂哀民，即對下層人民的哀憐和同情。賢良、文學揭露處高位者不知道下層人民的疾苦，說了一個衛靈公的故事：「衛靈公當隆冬興眾穿池，海春諫曰：『天寒，百姓凍餒，願公之罷役也。』公曰：『天寒哉？我何不寒哉？』」，因此而感歎「人之言曰：『安者不能恤危，飽者不能食饑。』故餘梁肉者難爲言隱約，處佚樂者難爲言勤苦。」〔註35〕所謂憂民，即對人民的人道關懷，擔憂他們的苦難沒有窮期，擔心他們的苦難或許會更加深重。賢良、文學在回答大夫、御史「鹽鐵之利，所以佐百姓之急」時以「商鞅峭法長利，秦人不聊生，相與哭孝公。吳起長兵攻取，楚人搔動，相與泣悼王。其後楚日以危，秦日以弱」爲例進行反駁，並因而結論：「故利蓄而怨積，地廣而禍構，惡在利用不竭而民不知，地盡西河而人不苦也？今商鞅之冊任於內，吳起之兵用於外，行者勤於路，居者匱於室，老母號泣，怨女歎息，文學雖欲無憂，其可得也？」〔註36〕所謂利民，即富民，讓人民獲得正當利益。賢良、文學不是不要利，而是強調義在利上，「竊聞治人之道，防淫佚之原，廣道德之端，抑末利而開仁義，毋示以利，然後教化可興，而風俗可移也」，反對的是與民爭利，「今郡國有鹽、鐵、酒榷，均輸，與民爭利」，所以「願罷鹽、鐵、酒榷、均輸，所以進本退末，廣利農業，便也。」〔註37〕所謂教民，即用道德去規範民的行爲，教他們遵守倫理秩序。賢良、文學教民的主要手段是「以禮義防民欲」，「是以王者崇本退末，以禮義防民欲，實菽粟貨財」，「然後教化可興，而風俗可移也。」〔註38〕

〔註34〕《孟子・盡心下》。

〔註35〕《鹽鐵論・取下》，王利器：《鹽鐵論校注（定本）》第 465 頁，北京：中華書局，1992 年。

〔註36〕《鹽鐵論・非鞅》，王利器：《鹽鐵論校注（定本）》第 93～94 頁，北京：中華書局，1992 年。

〔註37〕《鹽鐵論・本議》，王利器：《鹽鐵論校注（定本）》第 1 頁，北京：中華書局，1992 年。

〔註38〕《鹽鐵論・本議》，王利器：《鹽鐵論校注（定本）》第 3 頁，北京：中華書局，1992 年。

　　法家思想的第一要義是尊君忠君。因爲只有取得國君的信任，所學才能實施，才能取得高官厚祿。法家忠君並非出自本性，而是利用忠君的手段，以建樹自己的事業。大夫、御史繼承了法家這一思想，強調爲人臣當盡忠，爲人子當盡孝。大夫、御史將忠、孝同列，「吾聞爲人臣者盡忠以順職，爲人子者致孝以承業。君有非，則臣覆蓋之。父有非，則子匿逃之。故君薨，臣不變君之政，父沒，則子不改父之道也」，其實說盡孝是爲了襯托盡忠，在「今鹽、鐵、均輸，所從來久矣，而欲罷之，得無害先帝之功，而妨聖主之德乎？」〔註39〕在大夫、御史看來，賢良、文學就是一些不能安國尊君的人，「儒者之安國尊君，未始有效也。」〔註40〕與大夫、御史觀點不同，賢良、文學少有提到忠，而一提到漢武帝，更多有微詞，並委婉地進行批評。對國君兩種不同的態度，帶來兩種不同的結果。法家總是投君主所好，而信奉儒家哲學的這些人因受學理的影響，認定了的道理，決不肯妥協。兩相比較，法家們比較容易得售其思想與主張，儒家就沒有法家那樣的好運氣。據考證，參加鹽鐵會議的賢良、文學，雖然顯示出不同凡響的辯才，但除了魏相，後來碰運氣做了一個縣令之外，似乎就沒有誰能出人頭地〔註41〕。據晉文研究〔註42〕，連霍光也很討厭他們。

　　賢良、文學推崇儒家貴民說，其目的是反對鹽鐵專賣。他們反對鹽鐵專賣的基本點是從不同的層面和方面圍繞著重義輕利這一軸心展開，他們秉承儒家精神，認爲朝廷的治國之本不是謀利，而是德治，「禮義者，國之基也，而權利者，政之殘也。」〔註43〕所以他們猛烈抨擊桑弘羊的鹽鐵官營政策，認爲朝廷帶頭與民爭利，就會引導人們不擇手段，唯利是圖，毀名趨勢，淫逸奢侈，最終將會危及正常的社會秩序和破壞整個社會生產，「今郡國有鹽鐵、酒榷、均輸，與民爭力」，結果導致「散敦厚之樸，成貪鄙之化，是以百姓就本者寡，趨末者眾。夫文繁則質衰，末盛則本虧。末修則民淫，本修則民慤。民慤則財用足，民侈則飢寒生」，所以「願罷鹽、鐵、酒榷、均輸，所

〔註39〕　《鹽鐵論・憂邊》，王利器：《鹽鐵論校注（定本）》第162頁，北京：中華書局，1992年。

〔註40〕　《鹽鐵論・論儒》，王利器：《鹽鐵論校注（定本）》第149頁，北京：中華書局，1992年。

〔註41〕　王利器：《鹽鐵論校注（定本）》前言，第5頁，北京：中華書局，1992年。

〔註42〕　晉文：《桑弘羊評傳》，南京：南京大學出版社，2005年。

〔註43〕　《鹽鐵論・輕重》，王利器：《鹽鐵論校注（定本）》第178頁，北京：中華書局，1992年。

以進本退末，廣利農業，便也。」〔註44〕賢良、文學看到人們圍繞著物質利益而爭鬥，企圖把這種爭鬥控制在一定的秩序範圍內，使人們恪守等級本分，不爭不亂。這是從社會的長治久安來考慮鹽鐵官營問題，其願望實無可厚非。可是他們認為人們對物質利益的爭鬥主要是道德水平不高所致，所謂「禮義壞，則君子爭於朝。人爭則亂，亂則天下不均。」〔註45〕因此要改變這種局面，就必須從人心和教化上下功夫，因而強調「義」，認為「義重於利」，甚至把物質本身看成是一種罪孽。這無疑是唯心主義的觀點。

　　鹽鐵專賣，主要是為了支持對外戰爭而籌措經費。反對鹽鐵專賣，就一定會連帶反對戰爭。賢良、文學舉出了一些反戰理由：其一、邊境是天寒地凍的山地或沙漠，「邊郡山居谷處，陰陽不和，寒凍裂地，衝風飄鹵，沙石凝積，地勢無所宜」，而「中國，天地之中，陰陽之際也，日月經其南，斗極出其北，含眾和之氣，產育庶物」，所以拓邊等於是不要江河邊的沃野，到嶺上坡上和沼澤地帶去種莊稼，勞民傷財，弄得中外空虛，沒有任何利益，「今去而侵邊，多斥不毛寒苦之地，是猶棄江皋河濱，而田於嶺坂菹澤也。轉倉廩之委，飛府庫之財，以給邊民，中國困於繇賦，邊民苦於戍禦。力耕不便種糴，無桑麻之利，仰中國絲絮而後衣之，皮裘蒙毛，曾不足蓋形，夏不失複，多不離窟，父子夫婦內藏於專室土圜之中。中外空虛，扁鵲何力，而鹽、鐵何福也？」〔註46〕其二、窮兵黷武，四面出擊，國之亡將至，以秦為例，「秦之用兵，可謂極矣。蒙恬斥境，可謂遠矣」，但結果國不久即亡，再反觀「今世」所為，不得不使人擔心，「今踰蒙恬之塞，立郡縣寇虜之地，地彌遠而民滋勞。朔方以西，長安以北，新郡之功，外城之費，不可勝計。非徒是也，司馬、唐蒙鑿西南夷之塗，巴、蜀弊於邛、筰，橫海征南夷，樓船戍東越，荊、楚罷於甌、駱，左將伐朝鮮，開臨屯，燕、齊困於穢貉，張騫通殊遠，納無用，府庫之藏，流於外國，非特斗辟之費，造陽之役也。」〔註47〕總之，賢良、文學觀點是，戰爭使人困于役，財流外國，所以開邊無用，征戰有過。

〔註44〕《鹽鐵論·輕重》，王利器：《鹽鐵論校注（定本）》第1頁，北京：中華書局，1992年。

〔註45〕《鹽鐵論·授時》，王利器：《鹽鐵論校注（定本）》第422頁，北京：中華書局，1992年。

〔註46〕《鹽鐵論·輕重》，王利器：《鹽鐵論校注（定本）》第180頁，北京：中華書局，1992年。

〔註47〕《鹽鐵論·地廣》，王利器：《鹽鐵論校注（定本）》第208～209頁，北京：中華書局，1992年。

　　大夫、御史針對這些論點及賢良、文學的其他反戰言論，作了相應的反駁：其一、國王應該普愛無私，「王者包含並覆，普愛無私，不爲近重施，不爲遠遺恩。今俱是民也，俱是臣也，安危勞佚不齊，獨不當調耶？不念彼而獨計此，斯亦好議矣」；其二、強邊才能國安「緣邊之民，處寒苦之地，距強胡之難，烽燧一動，有沒身之累。故邊民百戰，而中國恬臥者，以邊郡爲蔽扞也。《詩》云：『莫非王事，而我獨勞。』刺不均也。是以聖王懷四方獨苦，興師推卻胡、越，遠寇安災，散中國肥饒之餘，以調邊境。邊境強，則中國安，中國安則晏然無事。何求而不默也？」〔註48〕如果不開邊禦侮，討伐匈奴，在大夫、御史眼中那就是不仁不義：「鄙語日：『賢者容不辱。』以世俗言之，鄉曲有桀，人尙辟之。今明天子在上，匈奴公爲寇，侵擾邊境，是仁義犯而蔾藋採。昔狄人侵太王，匡人畏孔子，故不仁者，仁之賊也。是以縣官屬武以討不義，設機械以備不仁。」〔註49〕

　　戰爭則需要充足的補給，所以大夫、御史認爲必須實施鹽鐵營制度，「衣食饑寒者，慈父之道也。今子弟遠勞於外，人主爲之夙夜不寧，群臣盡力畢議，冊滋國用。故少府丞令請建酒榷，以贍邊，給戰士，拯民於難也。爲人父兄者，豈可以已乎！」〔註50〕罷鹽鐵、均輸則是非義，「大夫日：『匈奴桀黠，擅恣入塞，犯厲中國，殺伐郡、縣、朔方都尉，甚悖逆不軌，宜誅討之日久矣。陛下垂大惠，哀元元之未贍，不忍暴士大夫於原野；縱難被堅執銳，有北面復匈奴之志，又欲罷鹽、鐵、均輸，擾邊用，損武略，無憂邊之心，於其義未便也。」〔註51〕大夫、御史還指出，鹽鐵專營對百姓也是有利的，「平準則民不失職，均輸則民齊勞逸。故平準、均輸所以平萬物而便百姓，非開利孔而爲民罪梯者也。」〔註52〕「鹽、鐵令品，令品甚明。卒徒衣食縣官，

〔註48〕　《鹽鐵論・地廣》，王利器：《鹽鐵論校注（定本）》第 207 頁，北京：中華書局，1992 年。

〔註49〕　《鹽鐵論・備胡》，王利器：《鹽鐵論校注（定本）》第 444 頁，北京：中華書局，1992 年。

〔註50〕　《鹽鐵論・憂邊》，王利器：《鹽鐵論校注（定本）》第 161 頁，北京：中華書局，1992 年。

〔註51〕　《鹽鐵論・本議》，王利器：《鹽鐵論校注（定本）》第 2 頁，北京：中華書局，1992 年。

〔註52〕　《鹽鐵論・本議》，王利器：《鹽鐵論校注（定本）》第 4 頁，北京：中華書局，1992 年。

作鑄鐵器，給用甚眾，無妨於民。而吏或不良，禁令不行，故民煩苦之……。」
〔註 53〕

　　對漢武帝的戰爭，歷史上存在了很多爭議，有人說他千古一帝，也有人說他「窮兵黷武」。大夫、御史讚頌漢武帝偉大成就的目的顯然是要借助論述漢武帝對外戰爭的正當性和必要性，以及歷史上征伐戰爭的正義性，來表明自己主戰的合理性，進而證明鹽鐵官營的必要性。賢良、文學們當然不敢去指責漢武帝的過錯，但他們的思想是傳統的儒家學說，在評價戰爭時，完全是建立在戰爭的某些消極後果上，強調戰爭帶給人們的災害，主張休養生息。同時又天真地認為只要推行德政，提倡仁義教化，就可以安國定邦，長治久安，因而對戰爭採取了否定的態度，這就顯得有些迂腐了。但在當時的歷史背景下，提出這樣的問題也有其正確的一方面，那就是漢武帝長期的戰爭，尤其是後期幾次戰爭的失敗（李廣利統率軍隊出征失利）導致了國內矛盾激化，階級對立十分嚴重。停止戰爭，進行一定的休養生息是十分必要的，同時也彌補了單純依靠戰爭解決國防安全的不足。毫無疑問，在論戰中，雙方的觀點都有表面化和片面性的缺陷。以歷史唯物主義觀點看，漢武帝的戰爭有其必然性與合理性：自高祖以來，漢朝就國順民安，尤其是「文景之治」後國力強大到了可以向外擴張的時候，漢武帝只不過是履行歷史賦予他的使命，就如秦始皇統一六國一樣。維吉爾曾說過：一隻狼從不介意有多少隻羊，所以偉大的亞歷山大是不會去介意他的王國地跨歐亞非三洲，維多利亞女王也不會去介意她的日不落帝國有多麼的龐大。雄才大略的漢武帝當然不會去介意有多少可以讓他征服的對象，所以他對匈奴進行了長達 39 年的戰爭，期間又平東甌，南越及西南夷。當英姿勃發的青年統帥霍去病在狼居山上，面向中原，築壇祭拜，立碑紀念，凱旋還朝時，中華民族的歷史發展第一次達到了高潮。至於鹽鐵專營，大夫、御史只看到利的一面，賢良、文學則強調弊的一面，雙方都有片面性。其實，任何政策的實施都會產生利弊兩方面的後果，如果必須採用某一政策，人們需要做的事情只能是最大化其利，最小化其弊。現在我們國家仍然有國家專營經濟，雖然專營政策實施的原因與西漢封建政權不可同日而語，但如何揚專營制之利，防專營制之弊，進而言之，如何揚一切公營事業之利，防一切公營事業之弊卻是一個時代課題，鹽鐵論雙方的交鋒無疑能提供一些啟示。

〔註 53〕《鹽鐵論·復古》，王利器：《鹽鐵論校注（定本）》第 78 頁，北京：中華書局，1992 年。

三、賢良文學與大夫御史義利之爭的理性評價

義與利是人的兩類基本需要，因此大夫、御史與賢良、文學的義利之爭實際是其人性之爭的必然延伸。大夫、御史重利，那是由於他們強調人的世俗利益的追求，賢良、文學重義，那是由於他們強調的是人的價值意義追求。

1、義、利同爲人的需要

何謂需要？需要作爲一般範疇，表現爲有機物、人和社會對客觀對象的一種攝取狀態，這種狀態是他們生存和發展的內在依據與各種積極性的來源，是人的主體欲望對價值客體的追求和佔有的意向，是人的主體性的確證與肯定，是人的自我實現的一種形式。從人的主體性的確證與肯定的角度看人的需要，我們可以發現人既生活在世俗利益世界裏，有「利」的需要。但是人要滿足其利的需要就必須結成一定的相互關係，於是就產生了人與人，人與社會的利益矛盾與衝突。產生了矛盾，就需要調節，調節要依據一定的原則與規則進行，這些原則與規則往往意味著對個體本能的約束，甚至要求個體放棄眼前利益而服從長遠與整體利益，這種狀況體現的是人的價值意義的存在，個體的這種需要即爲價值意義的需要。所以人又生活在價值意義的世界裏，有「義」的需要。

人既生活在世俗利益世界，有「利」的需要，又生活在價值意義世界，有「義」的需要，所以在實際生活中，一個正常的人也許對義或利厚愛有加，但也很難對另一類要素全盤否定，至少無法終生全盤否定。正因爲如此，中外思想家們在闡述義利問題時，儘管對兩類要素未必總是相提並論，但一般也不會對其中一類要素總是漠然視之。所以我們可以看到，繼承儒家義利觀，具有重義輕利傾向的賢良、文學並沒有否定人們對利的合理追求，只是強調，「臨財苟得，見利反義，不義而富，無名而貴，仁者不爲也。」〔註 54〕而繼承法家義利觀的大夫、御史雖然從道德的根源與前提上強調道義依賴於功利，同時卻主張抑制個人私利，推崇公利，其實這也是一種義。他們反對儒家所謂的義，主要是批評其不懂變通和權宜之計、僵化固守而不能有所成功，「孟軻守舊術，不知世務，故困於梁宋。孔子能方不能圓，故飢於黎丘。今晚世之儒勤德，時有乏匱，言以爲非，困此不行。自周室以來，千有餘歲，

〔註 54〕《鹽鐵論・地廣》，王利器：《鹽鐵論校注（定本）》第 209 頁，北京：中華書局，1992 年。

獨有文、武、成、康，如言必參一焉，取所不能及而稱之，猶瞽者能言遠不能行也。」〔註55〕

2、公利與私利是義利關係的重要表現

　　從大夫、御史與賢良、文學的義利之爭的實質，即貴民與忠君及其關聯的鹽鐵政策之爭，可見其所謂的義利之爭，其實是公利與私利之爭。人和社會產生的歷史表明，人始終是是二重性的存在。一方面，任何人都是個體的存在物，這是由於人作為獨立的自然機體所決定的；另一方面，任何人都不是「純粹」的個人，而只有在社會中存在。人的存在的二重性決定上了人的需要的二重性。人作為一種個體的存在物，每個人都有自己維持自己生存與發展的需要，這就是人們常講的個人利益。所以，個人利益從來就不是一個道德誡命，而是一個科學事實。同時，人作為一個社會成員的存在物，使得每個人都有維持社會共同體存在與發展的需要，這就是人們所謂的社會利益。人們的這兩種利益是必然的，只不過在不同的歷史時期有不同的內容、形式、性質。正因為如此，所以馬克思指出，人的需要或利益表現出為兩種形式：一是作為「自然主體的那種個人的需要」，二是「表現社會需要的個人需要」。與此相適應的，滿足人的需要的途徑也有二條：一是直接滿足個人的需要，另一條是滿足「表現出社會需要的共同利益」。這樣，人的利益或需要總是表現為個體性和整體性的雙重特點。正是這個特點決定了任何人都有一個處理私利與公利的相互關係到的問題。這就是義利問題的核心。

　　首先，個人利益與社會利益是統一的。從個人利益對社會共同利益的關係看，社會共同利益不能離開個人利益而獨立存在。沒有眾多的個人就不可能組成社會，沒有組成社會的各個成員的個人利益，也就無所謂社會共同利益。因此私利必須得到保障。關於這一點，馬克思、恩格斯早有論述。他們指出共產主義理論家突出的地方就在於「只有他們才發現了『共同利益』在歷史上任何時候都是作為『私人』的個人造成的。他們知道，這種對立只是表面的，因為這種對立的一面即所謂『普遍的』一面總是不斷地由另一面，即私人利益的一面產生的，它決不是作為一種具有獨立歷史的獨立力量而與私人利益相對抗，所以這種對立在實踐中總是產生了消滅，消滅了又產生。」

〔註55〕《鹽鐵論・論儒》，王利器：《鹽鐵論校注（定本）》第150頁，北京：中華書局，1992年。

〔註 56〕再從社會利益與個人利益的關係來看，個人利益又依賴社會共同利益。所謂社會共同利益，其根本內容指社會生產力的發展，社會物質文明與精神文明的需要，因此它是各個社會成員獲得個人利益的必要社會條件。所以馬克思說「關鍵倒是在於：私人利益已經是決定性的利益。」〔註 57〕事實上，社會成員個人利益的內容及其實現手段與程度，都是社會所賦予的。社會共同利益的增長與擴大，必然表現出為各社會成員個人利益得以實現的客觀存在條件的改善；而對成員共同利益的任何破壞，結果都會這樣或那樣地轉化為社會成員個人利益的損害。因此社會共同利益是個人利益的前提、基礎、保障、沒有社會共同利益，也就沒有社會成員相應的個人利益。大夫、御史衛國才能保家的思想強調的是社會共同利益對私利的基礎性，突出的是公利與私利的統一性，具有合理性。所以在針對賢良、文學指責朝廷不應該實行鹽鐵官營等政策而與民「爭利」時，大夫、御史不屑於糾纏義利之辯的空論，而是單刀直入地討論實際問題：匈奴寇邊要不要解決？要解決戰爭用費不足怎麼辦？「故興鹽、鐵，設酒榷，置均輸，蓄貨長財，以佐助邊費。」〔註 58〕對此賢良、文學無言以對。而鹽鐵會議的結果，漢朝廷從實際利害考慮，也終不能取消鹽鐵官營政策。但大夫、御史一方錯誤地誇大官營經濟在漢代封建社會中的地位和作用，誇大國家政權對經濟的反作用；不重視生產而側重於流通，脫離商品價值談價格和供求關係問題；迴避封建王朝的基本矛盾，排斥理性和科學；混淆戰時與和平時期的經濟政策；不顧民生凋敝，漠視中小商人和普通農民的生存需求。這種不重視個人利益的表現，恰是主張「貴民」的賢良、文學所反對的，也是應該反對的。

其次，個人利益與社會共同利益又是相對立的。社會不是個人的簡單相加，而是按一定方式結合起來的人們之間的社會關係總和所構成的有機整體，因此社會共同利益與個人利益有不同的性質與特徵。一般地，社會共同利益是作為有機體發揮其職能的需要，它體現著社會發展的根本要求，具有全局的和長遠的性質。與此相比，個人利益只能具有局部的和暫時的性質，這就決定了兩者的矛盾的一面。這種矛盾具體表現出在：一方面，任何一個

〔註 56〕《馬克思恩格斯全集》第 3 卷，第 275～276 頁。
〔註 57〕《馬克思恩格斯全集》第 46 卷（上），第 102～103 頁。
〔註 58〕《鹽鐵論・本議》，王利器：《鹽鐵論校注（定本）》第 2 頁，北京：中華書局，1992 年。

社會的物質與精神生產的總量是一定的，因而用於滿足社會需要的那部分增加了，那麼用於滿足個人需要的那部分就會相應減少；用於滿足這部分成員的增加了，用於滿足另一部分成員的就會減少。這樣為了滿足整個社會長遠，全局的發展需要，往往就不能允許個人利益的片面擴大，甚至不得不對它進行限制與推遲；另一方面，社會要前進，要發展，在不同時期總會提出來一些任務，為了完成這一任務，往往就需某些人暫時放棄一些利益。這種情況在哪個時代，哪個社會都存在，這表明個人利益與社會利益之間的確存在矛盾。賢良、文學反對重利，並非不要利，而是擔心公利，實質即官利對民利的侵犯，最終損害國家利益，就是看到了這種對立性，這是其義利觀的合理性所在。大夫、御史主張自利，利國，利民的統一，卻沒有認識到利國並不會自然利民，顯然是迴避了對個人利益與社會共同利益對立性的認識，這是其義利觀的缺陷所在。

3、義利關係的互補性與替代性

　　大夫、御史與賢良、文學的義利之爭所暴露的最大不足在於雙方對義與利的關係性質雖有一定的認識，但認識或不深刻，或不全面。義與利的基本關係可概括為互補性與替代性〔註 59〕。義與利的「互補性」與「替代性」是從經濟學的互補品與替代品概念引申過來的。經濟學的「互補品」指的是一種物品價格上升引起另一種物品需要減少的兩種物品；「替代品」則是指一種物品價格上升引起另一種物品需求增加的兩種物品。實際上，兩種物品之所以成為互補品或替代品就在於兩者具有互補性或替代性，可見經濟學所謂的互補品與替代品的概念完全可引申到非經濟領域，也就是說，只要兩種事物具有互補性與替代性，它們就可以成為互補品與替代品。義與利作為人類的兩類需要，既有互補性又有替代性，既是互補品又是替代品，因此人們的義利追求過程，實際上就是義與利的互補性與替代性的均衡過程。

　　義與利的互補性表現為兩方面。一方面是利對義的補助性：利是義的基礎，為義的實現提供了必要物質條件，所謂「倉廩實而知禮節，衣食足而知榮辱」，「讓生於有餘，爭生於不足」說的就是此道理；人們的求利行為是決定人們道義關係形成及其原則的基本因素，也是促使人們道義觀念更新、變化的基本動力。

〔註 59〕賀漢魂：《論王船山義利均衡的幸福觀》。長沙：《船山學刊》，2001 年 2 月。

　　另一方面，義對利也具有補助性。首先，從義的本質看，義是社會利益關係的反映，維護的是一定階級或群體的現實利益，可見義是一定社會或階級、群體利益實現的一種工具；其次，從義作為人類一般社會行為來看，它不是神啟的或人類與生俱來的善良天性表現，而是人類在理性指導下的經濟選擇，是人類在社會生活實踐中為了更有效地實現某種生活目的而確定的生活準則；再次，義對利補助性還表現在義可以形成積極的經濟後果，創造經濟價值，例如人們對義的遵循可以節省交易成本，產生合作效益，是形成無形資本的重要因素，是解決某些「外部性」問題的有效措施。大夫、御史關於利對義的補助性有較一定的認識，他們指出禮不是空虛的，必須有它實在的內容，然後才能成為禮義。大夫、御史舉例說，如孝子每天都用豐美的食物來奉養雙親，用輕暖的衣物來養護雙親的身體，使70歲以上的老人「食非肉不飽，衣非帛不暖」，那就是真正的孝子；有人恭敬地奉上酒爵，但盛的是水，父母升堂高坐，送上的卻是難咽的粗糧，禮義雖具，並不可貴，所以「禮無虛加，故必有其實然後為之文」。〔註60〕又如一家人如果兒子有才能，到朝廷做官，他們就可以住高屋深宅，乘高頭馬車，衣暖食甘。兒子如果沒才能，讓父母穿粗衣破帽，窮居陋巷，吃粗糧雜菜，而且有上頓沒下頓。父母的肚子不是菜園，盛的卻盡是菜；雜菜粗糧連乞者都不要，作兒子的卻以此奉養雙親，雖想禮敬父母則並不可貴，「而子以養親，雖欲以禮，非其貴也。」〔註61〕。但對求利行為是決定人們道義關係及其原則形成的基本因素，是促使人們道義觀念更新、變化的基本動力卻缺乏足夠的認識。賢良的思想對此有所克服。賢良強調「利」對教化的基礎作用，「上以奉君親，下無飢寒之憂，則教可成也」，「周公之相成王也，百姓饒樂，國無窮人，非代之耕織也。易其田疇，薄其稅斂，則民富矣。上以奉君親，下無飢寒之憂，則教可成也」。賢良還引用孔子、管子言以證其說，「《語》曰：『既富矣，又何加焉？曰，教之』教之以德，齊之以禮，則民徙義而從善，莫不入孝出悌，夫何奢侈暴慢之有？管子曰：『倉廩實而知禮節，百姓足而知榮辱。』」可見，在賢良的思維邏輯中只有在富的基礎上才能談教化、從善及孝悌等，「富則仁生，贍則爭止」，

〔註60〕　《鹽鐵論・孝養》，王利器：《鹽鐵論校注（定本）》第308頁，北京：中華書局，1992年。

〔註61〕　《鹽鐵論・孝養》，王利器：《鹽鐵論校注（定本）》第309頁，北京：中華書局，1992年。

如果「使菽粟如水火」，那麼「民安有不仁者乎？」〔註62〕這是賢良的可貴之處，遺憾的是不能堅持。文學則把義利對立起來，主張「勿示以利」才是教化之本，其價值導向是以「仁義」為首位，並認為「利」的提倡有礙於仁義的普化。「勿示以利」成了「教化可興」、「風俗可移」的必要條件了，將道德教化的作用絕對化，以為憑此可以解決一切。殊不知，道德教化要與一定的物質基礎相結合，任何脫離物質利益的道德教化，都是蒼白無力，不能解決實際問題的。

關於義對利的補助性，大夫、御史與賢良、文學的論述均不深刻，大夫、御史所重之利主要是「國」之利，論民之利主要是為「法治」提供人性論的依據，自然不會深入思考義的經濟價值。賢良、文學重義是為了突出人性因道義而崇高的一面，其所謂的利，其實是小農之利，所以更多講的是以義制利，而不是以義生利。賢良、文學在反對朝廷鹽鐵官營等開闢軍費來源的政策時空談「加之以德，北夷必內向」、「王者行仁政，無敵於天下，惡用費哉？」〔註63〕，則更顯示了他們考慮問題的迂闊不實。按照歷史唯物主義的觀點，道德教化不是教人們完全摒棄物質利益，而是教人們追求合理正當的物質利益。所以儘管從理論上看，賢良、文學的義利觀有其合理因素，即對人們追求物質利益的欲望加以適當控制是必要而且可能的。但正如李澤厚先生所言，儒家那種「安貧樂道」、「不患寡而患不均」、以道德而不以物質作為價值尺度的思想，是農業小生產的產物，長期以來在人們的心理觀念上已造成深重的印痕，成為近代中國走向現代化的嚴重障礙。這在我們走向市場經濟的今天，是應該特別引起注意的。

義與利除了具有互補性，是互補品的一面外，還有替代性，是替代品的一面，即人們以義或利的一方追求或評價替代對另一方的追求或評價。大夫、御史一方面強調人的求利性，將事功的實現及其程度作為行為的評價標準，實際上為利對義的取代提供了道義的論證；同時又拒絕對人的德性，如賢良、文學所謂的君子與小人，作等級劃分。這說明大夫、御史實際上是缺乏對義對利替代性的分析，因為所謂道德高尚者往往是為道德方面的追求在而在利

〔註62〕《鹽鐵論‧授時》，王利器：《鹽鐵論校注（定本）》第 422～423 頁，北京：中華書局，1992 年。

〔註63〕《鹽鐵論‧本議》，王利器：《鹽鐵論校注（定本）》第 2 頁，北京：中華書局，1992 年。

益方面自我犧牲者。另一方面，大夫、御史強調與其禮有餘而供養不足，寧可供養有餘而禮不足，「今內無以養，外無以稱，貧賤而好義，雖言仁義，亦不足貴者也！」〔註64〕這說明大夫、御史在一定程度是肯定利對義的替代。賢良、文學擔心的就是利對義的替代，肯定的則是義對利的替代。《孝養》一篇最鮮明地體現了賢良、文學的這種思想。在孝養父母是應該重物質還是重禮義問題上，賢良、文學認為最大的孝是順從父母的意志，其次是對父母常有笑容，最後才是供給父母生活所需，「故上孝養志，其次養色，其次養體。貴禮，不貪其養，禮順心和，養雖不備，可也」〔註65〕；只要禮義周備，物質供給不充分，亦可稱為孝，富貴而無禮，不如貧賤之孝悌，「《易》曰：『東鄰殺牛，不如西鄰之禴祭也。』」〔註66〕賢良、文學還反駁大夫、御史說，孝養父母不一定盡供肉食和絲衣，只要以自己所有盡力而為就算盡孝了；沒有才能而竊取官職，沒有功勞而享有俸祿，雖有富貴，就好像強盜那樣奉養雙親，讓父母住高樓，吃滿滿一桌豐盛的食品，不可謂孝。因為老親之腹不是盜囊，豈能盛不義之物？「故禮菲而養豐，非孝也」。〔註67〕

　　義利的替代性體現了主體的義利取向不同以及道德覺悟高低。對此密爾曾以「滿足」與幸福概念之不同加以分析。他認為由於人們不能正確區分這兩種概念，所以一些稟賦低的人視不完善的事物為完滿，並感到滿足而產生幸福，而一些稟賦很高的人卻能夠認識事物的不完滿，因此並不以為滿足，並不感到多麼幸福，但也不能說他不幸，他沒有滿足，但他可以是幸福的；他滿足了，但他不一定是幸福的。同樣，快樂與滿足也不相同，一些稟賦很低的人視肉體的欲望為快樂，而那些稟賦很高的人則認為這滿足並不是快樂，「一個稟賦有較高心能的人比低等的人需要較多的東西才能夠使他快活，大概也能感受劇烈的痛楚，必定在較多方面會與痛楚接觸，但是不管這些缺陷，他始終不能真心情願沉淪到他覺得是一種下等人的生活」。〔註68〕賢良、文學的君子重義，小人重利之說無疑與密爾的觀點非常類似：所謂君子無非

〔註64〕　《鹽鐵論・毀學》，王利器：《鹽鐵論校注（定本）》第229頁，北京：中華書局，1992年。
〔註65〕　《鹽鐵論・孝養》，王利器：《鹽鐵論校注（定本）》第308頁，北京：中華書局，1992年。
〔註66〕　同上。
〔註67〕　同上，309頁。
〔註68〕　密爾：《功用主義》第9頁，北京：商務印書館，1957年。

是以義代利者，所謂小人無非是以利代義者。這說明賢良、文學關於義與利替代性的認識的的確比大夫、御史要全面些。但其對義對利的補助性認識的缺陷卻限制了其進一步論證義的作用。

由於沒有全面揭示義與利的關係，更沒有揭示義利相通的倫理精神，大夫、御史與賢良、文學沒能為人們提供應然的義利觀。應然的義利觀應包含三個方面的原則要求：其一承認義與利是缺一不可的人性需要；其二認可義與利的互補性與替代性，其三，對個體的義與對社會的義相結合。以此三個原則觀之，「德」「得」相通才是應然的義利觀。所謂「德」「得」相通，即義、利相通，因為「德」即義，而「得」即「得利」與「得道」之意，前者指獲得利益，後者指獲得社會道義，實際上屬於「義」的範疇。「德」「得」相通之所以成為應然的義利觀，因為它符合作為應然義利觀的三個原則要求：首先，它承認「義」與「利」的不可或缺性，否則就該稱義利是同一而不是相通了；其次，「相通」認可義與利的替代性與互補性，因為替代性以二者相通為基礎，互補性實際上是兩者的功能相通；再次，「得」有「得道」之意，這在邏輯上將個體正義與社會正義相結合。由此觀之，「德」「得」相通，即義利相通的原則實際上對義利關係作了三個方面的規定：其一，「德」與「得」，即義與利是人的基本需要，也就是說人不能企求對義或利單方的滿足，應然義利觀也不能以義或利為單向度的依據，所以花天酒地未必真利，但餓體乏身也未必是健全的義；其二，「得」必須「德」，即「利」必須先「義」，也就是說既然求利為基本的人性，那麼求利之舉便無可厚非，但一定要做到「以義取利」，「生財有道」；其三，「德」應「得」，即「義」者應成為「利」者，也就是說，有義之人追求幸福，未必視利為追求目標，但他應該因為義之舉而得利，從而得到完整的幸福。這一點既體現了「德行有用」的世俗認識，又是對社會提出義的要求，因為一個「高尚是高尚者的墓誌銘，卑劣是卑劣者的通行證」的非義社會是無法保證「義」者有「利」的。賢良、文學雖然「重義」，甚至還認為重義之人不必刻意避利，但其所舉的重義之人均為樂貧之人，可見並沒有對「重義」之人得其利提供道義的論證，更沒有說明社會應該對義者以利的獎勵，以使義者得其應得之利。大夫、御史重利，卻不問利從何而來，因何而來？可見，「德」、「得」相通的倫理原則並未為大夫、御史及賢良、文學所認同、揭示。所以雙方的爭論雖熱鬧且精彩，但無法引導人們形成、追求應然的義利觀。較之於先秦儒、法的義利之爭，大夫、御史

與賢良、文學的義利之爭無論從思想高度與深度看都是一種退步。爲什麼會產生這種退步呢？我們認爲根本原因是由於大夫、御史與賢良、文學義利之爭不是深度的學理之辯而是應急的政策之辯。因此各自論證其觀點的依據主要不在學理中，而是政策實施後的一定事實。

第四章　本末論：《鹽鐵論》經濟倫理思想的重點

　　漢字「本」、「末」二字，原意是指樹根和樹梢。「木」字下置一橫，表示根之所在，成為「本」字；「木」字上著一橫，表示梢之所在，成為「末」字。「本」用作根本字，意指根本很重要，沒有根本就沒有整個樹的生長，更不會有樹的存在。而樹梢，長在最後，論次序，它在末，「末」雖然不可少，但其重要性不如根本。

　　在我國古代社會，「本末」兩個字（詞）在經濟領域中的運用，意指農業是根本，它提供衣食來源，為人生之所必需，是本業；其他各業，例如工與商，則是末業，沒有農業重要。鹽鐵會議上，大夫、御史以法家的「民強國弱」、「利出一孔」作為理論根據，打出「本末並利」的旗號；賢良、文學則繼承了早期儒家的義利觀和「藏富於民」的思想，借用『重本抑末』的口號，反對官府「與民爭利」。

一、先秦儒、法的「本末」觀

　　本末問題是古代思想家用來概括人類對本質與現象，核心與枝節等問題進行思考的兩對哲學範疇。「農本商末」的經濟哲學思想則大約是漢代以後逐漸成為中國傳統農業社會被廣泛認同的價值取向，而用來表述傳統農業社會四大職業人群的「士農工商」一語，不只是語言學上的詞序先後關係，在秦漢以後的傳統農業社會裏實際上也是一種價值地位先後的排序，因而也是一種類似馬克斯‧舍勒所說的「價值序列」的意義。本末，作為哲學命題，用

以說明事物源與流、根與葉的關係，以便於人們分辨主次，持循把握，《大學》篇所謂：「物有本末，事有終始，知所先後，則近道矣」。正是這個意思。這一命題被移於經濟領域，用以說明經濟事務的先後順序，使之均衡發展，主要體現在對農業、手工業和商業及其相互關係的認識與評價方面。商周早期，據說農業實行「井田制」，農民無償爲貴族耕種「公田」；後來耕種私田，繳納賦稅，或爲奴隸主無償勞動。工商業則爲官府壟斷，生產和交換主要是爲滿足貴族的生活享樂，即所謂「工商食官」。由於不論是農業，還是工商業，都是爲貴族服務的，所以對於他們而言，並無貴賤之分。從事農業的庶民之所以受到貴族的輕視，是因爲他們的出身，而並非因爲他們所從事的職業。直到春秋中期以前，這一局面並沒有什麼大的變化。相反，各諸侯國還紛紛採取措施，保護工商業的發展，以至於春秋時期的許多會盟都把「毋遏糴」、「毋壅利」等條文寫入盟約。而當時評斷一國的實力強弱時也往往農工商三者並提。可見商周時期還沒有本末業之分。春秋後期以後，工商業在統治階級心目中的地位並未因此而降低，更談不上抑制其發展了。儘管隨著生產力的發展，「工商食官」開始衰落，出現了許多獨立的富商，著名的有「三致千金」的陶朱公，與諸侯「分庭抗禮」的孔門高足子貢，等等。

先秦儒家也經常使用本末的概念。孔子就曾說過：「君子務本，本立而道生」的話。看來孔子是以人道爲本，而以人事爲末的。荀子則用本末分析財政和經濟的關係，認爲：「田野縣鄙者，財之本也；垣窖倉廩者，財之末也。百姓時和，事業得敘者，貨之源也；等賦府庫者，貨之流也」〔註1〕。主張尋源務本，富國先從發展經濟，增加生產著手。如果捨此不圖，一味從財政上打主意，甚而損害生產力以增加財政收入，就無異於「伐其本，竭其源，而并之其末」了。後世儒家雖然經常在理事、德財的關係上使用本末的範疇。如陸贄說：「夫理天下者以義爲本，以利爲末。本盛則其末自舉，末大則其本自傾。自古及今，德義立而利用不豐，人庶安而財貨不給，因以喪邦者，未之有也」〔註2〕。但也仍然沿用經濟領域的本末概念，來闡述自己的經濟主張，論證當時的經濟事務。

儒家並不因人事爲末，而輕忽經濟事務。於士農工商亦無所軒輊。孔子在其招徠遠人的政策中，特別注重工商的引進：「子庶民則百姓勸，來百工則

〔註1〕《荀子·富國》。
〔註2〕《陸宣公集·論裴延齡奸蠹書》。

財用足」〔註3〕。春秋時代，東方諸國工商業者的身份大都自由化，使得招徠和雇傭成爲可能。所以《中庸》將招徠和管理工商列爲治國九經之一。對商業的態度就體現了這一點：孔子曾把臧文仲徵收關稅作爲「三不仁」之一加以反對，而且孔子還把大商人子貢收爲弟子，這都說明孔子並不輕視商業；孟子的言論中，也把「關市譏而不徵，澤梁無禁」作爲「仁政」之一加以鼓吹，並把「商賈皆欲藏於王之市，行旅皆欲出於王之途」與「耕者皆欲耕於王之野」並列起來，作爲一個國家強盛的標誌。至於他們對具體從事工商業的勞動者『百工』、「商賈」有輕視之詞，並不說明他們輕視商業本身，就如同孔子輕視「老農」、「老圃」而不表明輕視農業一樣，這是由當時的等級地位、階級狀況決定的。

首先把本、末二字引入經濟思想領域的是法家的管仲。管子說國富在糧，「故治國常富而亂國常貧。是以善爲國者必先富民，然後治之。昔者七十九代之君，法制不一，號令不同，然俱王天下者，何也？必國富而粟多也」，所以必須重「本」，即農業，「夫富國多粟生於農，故先王貴之。凡爲國之急者，必先禁末作文巧，末作文巧禁則民無所游食。民無所游食則必農。民事農則田墾，田墾則粟多，粟多則國富，國富者兵強，兵強者戰勝，戰勝者地廣。是以先王知眾民、強兵、廣地、富國之必生於粟也。故禁末作，止奇巧，而利農事」，不重「本」則會危害國家安全，「今爲末作奇巧者，一日作而五日食。農夫終歲之作，不足以自食也。然則民舍本事而事末作，舍本事而事末作則田荒而國貧矣」。〔註4〕可見，管子主要是從強國富民的目標論重農的必要性。但是管子並不反對發展商業，對商人的還多有溢美之詞，說他們不選擇什麼地方，也不選擇統治這塊地方的君主的有道無道，都對他們納稅；不積存商品，有利就賣出；國家的山林資源，由他們的經營而得利，市場的稅收，由於經商而成倍地增長，「商人於國，非用人也。不擇鄉而處，不擇君而使，出則從利，入則不守。國之山林也，取而利之。市廛之所及，二依其本。」〔註5〕由此可見，「本末」思想仍不是春秋時期的主流思想，但法家已經有了本末思想的一些內涵。

從戰國時期開始，越來越多的人把農業與家庭手工業相結合的男耕女織

〔註3〕 《中庸》。
〔註4〕 《管子‧治國》。
〔註5〕 《管子‧侈靡》。

稱作「本業」，而把工商業稱作「末業」。之所以如此，首先是因爲「本業」能夠提供人們最基本的生活資源；其次，是農民有較強的依附性，更便於統治，更容易爲統治者所驅使。據《呂氏春秋・上農》所說，統治者重視農業，驅民於南畝，不僅僅是爲了「地利」，還因爲農民世世代代束縛在一小塊土地上，土地是他們安身立命的根本，是最重要的財產。爲了生存，他們不得不終生附著在土地上，很少有機會遠行，無從瞭解外面的世界，因而淳樸率眞，敬畏官長，易於指揮，即使在危難關頭，他們也不會輕易逃走他鄉。與此相反，商人以黃金珠玉爲財產，以販運貨物爲職業，必須奔走於各地之間，因而見多識廣，思想活躍，不容易爲官府所駕御，一旦國家有難，他們很容易逃走。這樣，在統治者眼中，安土重遷、樸實敦厚的農民自然比周流天下、精明多智的商人更靠得住。

進入戰國以後，兼併戰爭不斷升級，各諸侯國爲使自己在戰爭中立於不敗之地，都紛紛招賢納士，改革內政，以富國強兵。重本抑末思想就是在這種情況下產生的，商鞅就是這一思想的代表。商鞅從保民的角度，即保有對人民的控制的角度，來認識農業的重要性，「人情，一日不再食則飢，終歲不製衣則寒，夫腹飢不得食，膚寒不得衣，雖慈母不能保其子，君安能以有其民哉？明主知其然也，故務民於農桑，薄賦斂，廣畜積，以實倉廩，備水旱，故民可得而有也。」〔註6〕商鞅認爲要爲達到「保民」的目的，就需要『利出一孔』。可是「利」出哪一「孔」才能符合統治者的需要呢？「方今之務，莫若使民務農而已矣。欲民務農，在於貴粟；貴粟之道，在於使民以粟爲賞罰。今募天下入粟縣官，得以拜爵，得以除罪。如此，富人有爵，農民有錢，粟有所渫。」〔註7〕由此可見，商鞅的「重本」，主要是爲了使國家能支配充足的人力物力，而不是眞正想使百姓富足。

從以上分析可以看出，先秦時期，儒、法兩家在經濟思想上存在著明顯的分歧：儒家主張「藏富於民」，認爲「國家」與「民富」是相輔相成的，而且「國富」是以「民富」爲基礎的，主張行使仁政，反對爲政者橫征暴斂，「百姓足，君孰與不足？百姓不足，君孰與足？」〔註8〕「下貧則上貧，下富則上

〔註6〕 《漢書・食貨志》第1131頁，北京：中華書局，1962年。
〔註7〕 《漢書・食貨志》第1133頁，北京：中華書局，1962年。
〔註8〕 《論語・顏淵》。

富。」〔註9〕等等，都是這一思想的反映。法家則把「國」與「民」的利益完全對立起來，主張由「國家」直接控制絕大部分的社會財富，從而最大限度地控制百姓，使他們變成完全聽命於統治者的工具，否則便沒有生路。先秦儒家沒有「本業」、「末業」的區分，也沒有主張「重本抑末」。而法家不僅有這種思想，而且已經付諸行動。先秦儒、法的思想分別對鹽鐵會議的爭論雙方產生了重大影響並成爲雙方爭辯的依據。

二、賢良文學與大夫御史關於本末的辯難

1、賢良文學的農本商末的思想

　　鹽鐵會議上，賢良、文學以儒家學說爲指導，主張以德化民，以農富國；強調農本商末，反對政府經營工商業與民爭利。問題是從先秦儒、法兩家的本末之爭可見重農本是法家的「專利」，爲什麼作爲儒家的賢良、文學也打起了重農的旗幟？這種情況的出現當然與賢良、文學對前輩儒學思想的汲取有關，但直接原因則在於其對社會現實的感受。這種社會現實的感受，主要是來自兩個方面。一方面是商人的階層的崛起，以及他們對於農民的榨取。《漢書》記晁錯的話對此有較具體的描述。晁錯曰：「而商賈大者積貯倍息，小者坐列販賣，操其奇贏，日遊都市，乘上之急，所賣必倍。故其男不耕耘，女不蠶織，衣必文采，食必粱肉，亡農夫之苦，有仟伯之得，因其富厚，交通王侯，力過吏勢，以利相傾；千里游敖，冠蓋相望，乘堅策肥，履絲曳縞，此商人所以兼并農人，農人所以流亡者也。」〔註10〕另一方面是農民苦難的加重。《漢書》又記董仲舒的話：「至秦則不然，……邑有人君之尊，里有公侯之富，小民安得不困？又加月爲更卒，已，復爲正，一歲屯戍，一歲力役，三十倍於古；田租口賦，鹽鐵之利，二十倍於古。或耕豪民之田，見稅什五。故貧民常衣牛馬之衣，而食犬彘之食。重以貪暴之吏，刑戮妄加，民愁亡聊，亡逃山林，轉爲盜賊，赭衣半道，斷獄歲以千萬數。漢興，循而未改。」〔註11〕董仲舒明說的是秦，實際是指漢。在記完董的話以後，漢書作者感歎地寫道：「仲舒死後，功費愈甚，天下虛耗，人復相食」。〔註12〕農民處在如此悲

〔註9〕　《荀子·富國》。
〔註10〕　《漢書·食貨志》第1132頁，北京：中華書局，1962年。
〔註11〕　《漢書·食貨志》第1137頁，北京：中華書局，1952年。
〔註12〕　《漢書·食貨志》第1137頁，北京：中華書局，1962年。

慘的境遇裏，身爲「仁者愛人」、「兼善天下」的儒家思想繼承者的賢良、文學，怎能不爲之動容，怎能不發出重農的呼聲呢？

賢良、文學的重農思想的內涵非常豐富，其中闢田野，五穀熟，百姓贍是核心。賢良、文學曰：「山海者，財用之寶路也。鐵器者，農夫之死士也。死士用，則仇讎滅，仇讎滅，則田野闢，田野闢則五穀熟，寶路開，則百姓贍而民用給，民用給則國富。國富而教之以禮，則行道有讓，而工商不相豫，人懷敦樸以相接，而莫相利。」〔註13〕在賢良、文學看來，民不足於食的原因就是本業荒，末業興，「國有沃野之饒而民不足於食者，工商盛而本業荒也。」〔註14〕賢良、文學以古爲證說明此理，「文學曰：『古者，十一而稅，澤梁以時入而無禁，黎民咸被南畝而不失其務。故三年耕而餘一年之蓄，九年耕而有三年之蓄。此禹、湯所以備水旱而安百姓也。……故衣食者民之本，稼穡者民之務也。二者修，則國富而民安也。』」〔註15〕

賢良、文學重農的重要目的就是教民。他們認爲：「本修則民愨」，重農人民才會恭謹樸實，「王者崇本退末，以禮義防民欲。」〔註16〕在思想史上，這裏是第一次將「禮義」與「民欲」對立起來，後來「天理」與「人欲」的對立論，這裏應當是其濫觴。賢良、文學將崇本退末，看做是禮義的內容，所謂崇本，亦即重農。用重農形成良好的社會風氣，來阻止那些不勞而獲的醜陋行徑。重農而從教民著眼，這是賢良、文學的獨特之處，充分顯示了賢良、文學重農與先秦法家重農有根本的區別。先秦法家重農，爲的是強國拓土，替皇保民。而賢良、文學重農，是爲了實現其道德理想。

至於如何重農，從《鹽鐵論》中也可以看得出一些端倪。其一是恢復井田制，「故理民之道，在於節用尙本，分土井田而已。」〔註17〕其二要罷鹽鐵，和其他一些官營的經濟事業。鹽鐵會議大辯論，中心議題還是一個要不要繼

〔註13〕 《鹽鐵論・禁耕》，王利器：《鹽鐵論校注（定本）》第68頁，北京：中華書局，1992年。

〔註14〕 《鹽鐵論・本議》，王利器：《鹽鐵論校注（定本）》第4頁，北京：中華書局，1992年。

〔註15〕 《鹽鐵論・力耕》，王利器：《鹽鐵論校注（定本）》第27～28頁，北京：中華書局，1992年。

〔註16〕 《鹽鐵論・本議》，王利器：《鹽鐵論校注（定本）》第1頁、第3頁，北京：中華書局，1992年。

〔註17〕 《鹽鐵論・力耕》，王利器：《鹽鐵論校注（定本）》第29頁，北京：中華書局，1992年。

續執行鹽鐵專賣政策的問題。大夫、御史要繼續推行，賢良、文學要立即廢去。在賢良、文學看來，罷鹽鐵就是最大的重農。《鹽鐵論》第一篇，賢良、文學發言的第一輪，就用這樣的話來結束：「願罷鹽、鐵、酒榷、均輸，所以進本退末，廣利農業，便也。」〔註18〕其三要「為民愛力，不奪須臾」，「為民愛力，不奪須臾。故召伯聽斷於甘棠之下，為妨農業之務也。今時雨澍澤，種懸而不得播，秋稼零落乎野而不得收。田疇赤地，而停落成市。」〔註19〕其四要重視倫理的作用，強調重農離不開禮義的教育，「湛民以禮，示民以樸」，「是以王者務本不作末，去炫燿，除雕琢，湛民以禮，示民以樸，是以百姓務本而不營於末。」〔註20〕

在強調農本的同時，賢良、文學又從「義」的角度貶商：國家提倡經商，講求財利，必然會在社會上造成唯利是圖、見利忘義的貪鄙之風，敗壞社會道德，破壞禮義教化，「散敦厚之俗，成貪鄙之化」。〔註21〕國家鼓吹經商謀利，在上者貪財好貨，一級影響一級，結果從士君子到庶民百姓，都將變得卑鄙、貪婪，直至盜竊、搶劫，為了錢財而不擇手段，無所不為，「諸侯好利則大夫鄙，大夫鄙則士貪，士貪則庶人盜。」〔註22〕「上好禮則民闇飾，上好貨則下死利也。」〔註23〕國家崇商好利，會助長奢侈之風，「世俗壞而競於淫靡」，在社會上造成欺詐虛偽之風，「商則長詐，工則飾罵，內懷闚闞而心不怍，是以薄夫欺而敦夫薄。」〔註24〕

2、大夫御史的重商思想

大夫、御史重商思想最初的淵源可追溯到商人的祖師白圭。桑弘羊曾表

〔註18〕 《鹽鐵論・本議》，王利器：《鹽鐵論校注（定本）》第 1 頁，北京：中華書局，1992 年。

〔註19〕 《鹽鐵論・授時》，王利器：《鹽鐵論校注（定本）》第 423 頁，北京：中華書局，1992 年。

〔註20〕 《鹽鐵論・水旱》，王利器：《鹽鐵論校注（定本）》第 430 頁，北京：中華書局，1992 年。

〔註21〕 《鹽鐵論・本議》，王利器：《鹽鐵論校注（定本）》第 1 頁，北京：中華書局，1992 年。

〔註22〕 《鹽鐵論・本議》，王利器：《鹽鐵論校注（定本）》第 4 頁，北京：中華書局，1992 年。

〔註23〕 《鹽鐵論・錯幣》，王利器：《鹽鐵論校注（定本）》第 57 頁，北京：中華書局，1992 年。

〔註24〕 《鹽鐵論・力耕》，王利器：《鹽鐵論校注（定本）》第 28 頁，北京：中華書局，1992 年。

明自己「積浸以致富成業」，原因就在於他能像白圭子貢那樣行事，「夫白圭之廢著，子貢之三至千金，豈必賴之民哉？運之六寸，轉之息耗，取之貴賤之間耳。」〔註25〕實際上，對大夫、御史重商思想影響最大的還是管子的重商論。《管子》的觀點：「利之所在，雖千仞之山，無所不上」，與桑弘羊的觀點：「趙女不擇醜好，鄭嫗不擇遠近，商人不愧恥辱，戎士不愛死力，士不在親，事君不避其難，皆爲利祿也」一脈相承。當然重商思想的產生根本原因還在於當時重商的社會條件。從東周末年至此，天下已經亂了數百年，經濟民生，農務工商，早已破壞殆盡，人口去半，舉國不振。高祖馬上得天下後，所要共同致力解決的首要問題便是「民食」。他提出幾項德政：即獎勵生育，恢復人口；減輕賦稅，勵行節儉，降低人民負擔；開放一切資源，開放關禁，便利物質開發和流通；廢除貨幣國有政策，藉以刺激交易。呂后臨朝時又特置一項：獎勵孝悌力田，以勸令天下，各敦行務本。呂后雖多失德，但也頗有惠政，這些是她的貢獻。以上政策實施後，效果明顯，國力開始得到恢復。到文帝、景帝即位後，奉行與民休息的政策，大行仁政，國力得到迅猛發展，因而成爲著名的「文景之治」。尤其在田賦政策方面，自古最標準的稅制是十分之一，高祖、惠帝時減爲十五稅一，文帝在位二十三年，減半即三十稅一，其間更有完全免除者十二年，而終漢之年，大致都尊重這個「三十稅一」的傳統。對農民的恩惠是漢朝歷經變亂而仍能長期保持政權的一個重要原因，也是漢朝的立朝根基。經過六七十年的休養生息，商業生產也有了長足的進步，而「關市譏而不徵」的開放、自由的市場，更爲商業的發展提供了十分有利的條件。結果出現了商業繁榮的盛況：大富商的大量湧現，中小富商及一般商人，更是多不勝數；全國出現了比戰國時更大更多的商業城市，次一級的城市，更是不可勝數；由於行業的眾多，手工業發達，產品大量銷售。商業的空前發達，商人勢力的擴展，商人據有財富的影響有增無已，政府也不會放過可以收稅的機會，於是設立工官，專管此事。這些是大夫、御史重商思想產生的社會條件。

爲什麼要重視商業呢？大夫、御史認爲發展商業於國於民均有利。大夫、御史關於商業作用的理解，我們大體上可以歸納爲如下幾個方面：其一，商業爲人們提供生活之所必需。「大夫曰：『古之立國家者，開本末之途，通有

〔註25〕《鹽鐵論·貧富》，王利器：《鹽鐵論校注（定本）》第220頁，北京：中華書局，1992年，「廢著」，猶積貯。

無之用。市朝以一其求,致士民,聚萬貨,農商工師各得所欲,交易而退。《易》曰:『通其變,使民不倦。』故工不出,則農用乏;商不出,則寶貨絕。農用乏,則穀不殖;寶貨絕,則財用匱。」〔註26〕其二,商業支持和促進生產的發展。「大夫曰:『……《管子》曰:「……無末利,則本業無所出,無髓斌,則女工不施。」故工商梓匠,邦國之用,器械之備也。自古有之,非獨於此。弦高販牛於周,五羖賃車入秦,公輸子以規矩,歐冶以鎔鑄。《語》曰:「百工居肆,以致其事。」農商交易,以利本末。山居澤處,蓬蒿墝埆,財物流通,有以均之。是以多者不獨衍,少者不獨饉。若各居其處,食其食,則是橘柚不鬻,胸鹵之鹽不出……」。〔註27〕其三,商業使自然資源得到有效利用,讓人們生活能過得美好。大夫、御史指出中國的自然資源是非常豐富的,「五行:東方木,而丹、章有金銅之山;南方火,而交趾有大海之川;西方金,而蜀、隴有名材之林;北方水,而幽都有積沙之地。此天地所以均有無而通萬物也。今吳、越之竹,隋、唐之材,不可勝用。而曹、衛、梁、宋,采棺轉尸。江、湖之魚,萊、黃之鮐,不可勝食,而鄒、魯、周、韓,藜藿蔬食」,老百姓卻缺乏生活資料,「天下之利無不贍,而山海之貨無不富也;然百姓匱乏,財用不足」,其原因就是因為「多寡不調,而天下財不散也。」〔註28〕其四,商業可以使人脫貧致富。大夫、御史舉例說:「自京師東西南北,歷山川,經郡國,諸殷富大都,無非街衢五通,商賈之所湊,萬物之所殖者。故聖人因天時,智者因地財,上士取諸人,中士勞其形」,「故乃商賈之富,或累萬金,追利乘羨之所致也。富國何必用本農,足民何必井田也?」〔註29〕其五,商業可以增強國力。大夫、御史認為「聖賢治家非一寶,富國非一道」,這樣的歷史事證很多,「昔管仲以權譎霸,而紀氏以強本亡。使治家養生必於農,則舜不甄陶而伊尹不為庖」,大夫、御史由此而證明「故善為國者,天下之下我高,天下之輕我重。以末易其本,以虛蕩其實。今山澤之財,均輸之藏,所以御輕重而役諸侯也。汝、漢之金,纖微之貢,所以誘外國而釣胡、羌之

〔註26〕　《鹽鐵論·本議》,王利器:《鹽鐵論校注(定本)》第3頁,北京:中華書局,1992年。

〔註27〕　《鹽鐵論·通有》,王利器:《鹽鐵論校注(定本)》第43頁,北京:中華書局,1992年。

〔註28〕　《鹽鐵論·通有》,王利器:《鹽鐵論校注(定本)》第42頁,北京:中華書局,1992年。

〔註29〕　《鹽鐵論·力耕》,王利器:《鹽鐵論校注(定本)》第29頁,北京:中華書局,1992年。

寶也。夫中國一端之縵，得匈奴累金之物，而損敵國之用。是以贏驢馲馳，銜尾入塞，驒騱騵馬，盡為我畜，鼲貂狐貉，采旄文罽，充於內府，而璧玉珊瑚琉璃，咸為國之寶。是則外國之物內流，而利不外泄也。異物內流則國用饒，利不外泄則民用給矣」。〔註30〕其六，商業可以增加國家財政收入，以扶貧救災，支持正義戰爭。「大夫曰：『……邊用度不足，故興鹽、鐵，設酒榷，置均輸。蓄貨長財，以佐助邊費。今議者欲罷之，內空府庫之藏，外乏執備之用，使備塞乘城之士饑寒於邊，將何以贍之？」〔註31〕

　　關於商業的職能，由於辯論的原因，大夫、御史講述較為散亂，沒有成篇段落系統地論述。但是在我國古代，的確沒有人像桑弘羊這樣全面論述過關於商業的作用、益處。這裏有一個問題，即先秦法家重的是本業，即農業，鹽鐵會議的大夫、御史重的卻是末業，即商業。為何說大夫、御史重商思想是法家思想的繼承呢？我們認為這是因為大夫、御史所重的商業其實是官商，而不是民間商業，其重商的根本目的在於強國而不是富民。在鹽鐵會議上，大夫、御史發表了許多「本末並重」的言論，表面上，這些言論即使站在今天的立場上看也不過時。然而，隨著辯論的深入，大夫、御史的「本末並重」就漸漸露出了其真面目。例如大夫、御史認為「民」富裕了，就不再會為了得到「人主」的俸祿而為之賣命，也不再懼怕「人主」的權威，「民大富，則不可以祿使也；大彊，則不可以罰威也。非散聚均利者不齊。故人主積其食，守其用，制其有餘，調其不足，禁溢羨，厄利塗，然後百姓可家給人足也。」〔註32〕若將其說與商鞅的「民強國弱」、「利出一孔」理論相比較，二者可謂是如出一轍。可見，大夫、御史把工商與「富國」相連，與商鞅的「重本抑末」政策相比，表面上雖有所不同，但在本質上，都是站在「國家」的立場上，試圖最大限度地把財力、物力集中到官府手中。因此，大夫、御史的「本末並重」，只是站在「國家本位」立場上而言的。這就容易理解為什麼眾多的民間富商大賈在這種「本末並利」措施下受到了沉重的打擊。因此，大夫、御史的「重商主義」，對於民間商賈來講，其實是真正意義上的「抑末」。

〔註30〕《鹽鐵論・力耕》，王利器：《鹽鐵論校注（定本）》第 28 頁，北京：中華書局，1992 年。
〔註31〕《鹽鐵論・本議》，王利器：《鹽鐵論校注（定本）》第 2 頁，北京：中華書局，1992 年。
〔註32〕《鹽鐵論・錯幣》，王利器：《鹽鐵論校注（定本）》第 56 頁，北京：中華書局，1992 年。

三、賢良文學與大夫御史本末之爭的實質與評價

大夫、御史與賢良、文學的本末之爭其實質依然是一種義利之爭，或者說是其義利觀在本末論上的體現。賢良文學看來，義本利末與農本商末是完全一致的，因為「夫文繁則質衰，末盛則本虧；末修則民淫，本修則民慤。」〔註33〕末業發達，便會使人民道德敗壞，相反勸民務本則能使民德淳樸善良。故而他們說：「夫治亂之端，在於本末而已」，「夫欲安民富國之道，在於反本，本立而道生。」〔註34〕只要處理好義利本末關係，也就自然地理順了農業與工商業之間的經濟關係了。大夫、御史派的本末論也是受其重利輕義的思想影響的，他們之所以看重工商業，完全是看中了工商業能夠迅速地使財富增殖。

賢良、文學主張農本商末，理由在於農業不僅可以滿足人們的物質生活需要，而且還能夠使民風淳樸，民心向善，這無疑有它的合理性。賢良、文學以仁義為本反對封建官營工商業，認為封建政府對經濟的直接干預違背了儒家「為政以德」的宗旨與「因民之所利而利之」的經濟思想，是與民爭利，而且會導致官場腐敗，不利於教化民眾。由此而主張民間完全自由經營。這種全盤否定官營商業的積極意義，竭力鼓吹崇本退末，要求國家實行封建傳統的重農抑商政策，無疑又有自己不可避免的局限性。另外，賢良、文學還錯誤地誇大民營經濟在漢代封建社會中的地位和作用，混淆大商人與中小商人在民營經濟中的地位，忽視農民和小手工業者的實際利益，沒有區分戰爭性質和戰爭代價，沒有認識到自由放任的經濟政策短期內不能增加財政收入，無法調節供需矛盾，難以實現資源配置的最優化效果，這就造成了其經濟倫理觀在價值取向上的極端化與主體意識的異化。

不過，賢良、文學在批判大夫、御史的官商主張時，比較充分地說明了封建國家片面鼓吹商利在社會生活中必然發生的消極作用。這些觀點，對於人們更全面地認識商品經濟的社會作用，尤其是民間商業發展的意義顯然具有啟發意義。我們認為一種經濟思想及其政策的認識價值和實踐意義，不取決於它在理論上的精緻還是粗糙，或是對社會經濟活動的干預程度有多深，

〔註33〕《鹽鐵論·本議》，王利器：《鹽鐵論校注（定本）》第1頁，北京：中華書局，1992年。

〔註34〕《鹽鐵論·憂邊》，王利器：《鹽鐵論校注（定本）》第162頁，北京：中華書局，1992年。

關鍵是看它是否反映社會經濟發展的要求，能否促進社會經濟更好更快地發展。以現代經濟倫理學的觀點看，自由放任的經濟思想及其政策能使社會經濟發展的環境變得較爲寬鬆，既可以發揮市場競爭的作用，提高資源配置的效率；又能夠調動經營者與勞動者的積極性，所以往往比國家干預的主張以及政府壟斷經營的方式對社會經濟的恢復與發展更有效果，更能促使社會經濟得到更快的發展。中國經濟發展史也證明了這一點：春秋戰國時期廢除了工商食官制度，民間工商業興起，商品經濟得到蓬勃發展；改革開放以來，市場經濟的選擇與發展促進經濟的發展，這些都是勝於雄辯的事實。所以，可以認定賢良、文學務本抑官末、不與民爭利的主張雖然缺乏對社會經濟發展的理性分析與自覺意識，然而其主張與社會經濟發展的要求在一定程度上還是相契合的，其中有不少值得肯定的地方。

客觀地說，大夫、御史是從國家利益角度來考慮發展工商業的必要性和強調國家干預流通的作用的。桑弘羊儘管出身商人家庭，個人地位卑賤，但他絕不是賢良、文學所蔑稱的言利之徒，而是具有商業意識的經濟管理專家，班固稱之曰：「運籌則桑弘羊」，並將他列入西漢名臣之列。大夫、御史能從整個國家財政經濟利益的角度考慮限制商人資本的自由發展，恰到好處地運用重商理論以及經濟干涉政策，即利用商人資本來加強封建財政，鞏固封建政權。事實證明，這一系列經濟政策不僅爲西漢政府積累了鉅額財富，而且爲歷代的禁榷制度開創了一個成功的範例。不過在鹽鐵會議上，大夫、御史們沒有表現出如何重商。這是因爲，桑弘羊雖然大談商業的積極作用，但實際上，漢武帝的政策是不利於商業發展的，甚至可以說是沉重地打擊了商業的正常運作。代表當局的桑弘羊也不可能在這方面進行深入的闡述。不過，桑弘羊雖然主要是爲鹽鐵壟斷，還有商業壟斷（均輸）作辯護，但壟斷商業畢竟也是商業，所以也一般地談到商業的積極面。但是就官營工商業政策本身來講，雖然能在一定時期內起到抑制豪民、增加收入的作用，但由政府壟斷經營所帶來的種種弊端也會對社會經濟的發展產生不良影響，官場腐敗等社會弊病也會隨之出現。因而，官營工商業可取不可取，主要看它是否符合社會發展與形勢變化的要求。如果說，漢武帝時期爲了解決民族矛盾而實行官營工商業政策，有一定的合理性，那麼，在鹽鐵會議時，形勢變化了，卻不顧條件地再堅持官營工商業政策，且在堅持一定的官營工商業政策又不設法限制其不利影響，不合理協調官營商業與民間商業的關係，就有不義的一面了。

第五章　貧富論：《鹽鐵論》經濟倫理思想的展開

　　貧與富一直是我國古代經濟思想領域內的一個熱門話題，是義利論的必然延續與重要內容。貧富論涉及到對貧富原因的認識和對貧富態度，以及如何脫貧致富等問題。孔子說：「富與貴，人之所欲也，不以其道得之，吾不處也；貧與賤，人之所惡也，不以其道得之，吾不去也。」〔註1〕將貧賤與富貴置於道德的思考框架，開啓了德性主義的理論先河。而法家尤其是韓非則抨擊儒家的仁義之說，強調富貴貧賤與人自身的能力相關，只要能夠去貧致富就應當得到足夠的肯定。賢良文學與大夫御史圍繞貧富以及富國與富民諸問題，也展開了熱烈的論辯，極大地拓展深化了各自的義利觀和本末觀。

一、先秦儒、法的富民與富國論

　　在我國古代，貧富論的一個重要內容就是富國與富民論，這一思想傳統自先秦始就已確定。先秦諸子將治國安邦、民富國強作爲追求的重要目標，將富國與富民的地位、關係視爲貧富論重點探討的問題。他們的思想，主要是儒家富民論與與法家的富國論，是賢良、文學與大夫、御史富民與富國思想的重要源頭和理論依據。

1、儒家力主富民優先

　　以孔子爲代表的儒家從民爲邦本、本固邦寧的思想出發，力主藏富於民、

〔註 1〕　《論語・里仁》。

富民爲先，強調民富才是國富的基礎和根本。孔子首先提出使民「富之」〔註2〕的總的思想原則。至於富民的具體設想，在《論語》裏面，他說了三點：「節用」，「使民以時」，和合理的稅收。〔註3〕「節用」是要求執政者要節約國家開支，不要奢侈而耗費民財；「使民以時」是指在生產季節中不要徵發人民去爲國家服役，以免耽誤農時；合理的稅收見《論語・顏淵》所記魯哀公問孔子的弟子有若說，災荒年歲，國家用度不足，怎麼辦呢？有若回答：可採用「徹」的辦法。（「徹」，東漢鄭玄的解釋是「周法什一而稅，謂之徹。」）有若認爲對老百姓徵收什一稅是比較合理的，既能解決國家的財政困難，又不過分加重人民的經濟負擔。

戰國時期的孟子與荀子，對孔子的富民思想作了進一步的闡述。孟子提出「民貴君輕」之說，把富民視爲實現治國，王天下的一個最基本的條件。他說：「聖人治天下，使有菽粟如水火。菽粟如水火，而民焉有不仁者乎？」〔註4〕又說：「得天下有道，得其民，斯得天下矣。得其民有道，得其心，斯得民矣。得其心有道，所欲與之聚之，所惡勿施爾矣。」〔註5〕至於富民的方法，孟子的主張有：發展生產與減輕賦稅，「易其田疇，薄其稅斂，民可使富也。」〔註6〕開放被貴族地主所佔領的山澤資源，以有利於民眾獲取財富，「澤梁無禁」；薄賦斂，「市廛而不徵，法而不廛」，「關譏而不徵」，「耕者助而不稅」，「廛無夫里之布。」〔註7〕

荀子從理論上闡述了富民的必要性和富國必先富民的理由。荀子指出統治者能否得到人民的擁戴，歸根到底取決於人民得到實惠的多少，「仁人在上，百姓貴之如帝，親之如父母，爲之出死斷亡而愉者，無他故焉，其所是焉誠美，其所得焉誠大，其所利焉誠多」，所以統治者必須「以政裕民」，即把富民作爲自己的基本國策，這是關係到國家盛衰興亡的大事，「王者富民，霸者富士，僅存之國富大夫，亡國富筐篋、實府庫。」〔註8〕若與民爭利，結果只能是「府庫已實而百姓貧」，「上雖好取侵奪，猶將寡獲也。」〔註9〕關於

〔註2〕 《論語・子路》。
〔註3〕 《論語・學而》。
〔註4〕 《孟子・盡心上》。
〔註5〕 《孟子・離婁》。
〔註6〕 《孟子・盡心上》。
〔註7〕 《孟子・公孫丑上》。
〔註8〕 《荀子・王制》。
〔註9〕 《荀子・富國》。

富民的具體措施，荀子指出：「家五畝宅，百畝田，務其業而勿奪其時，所以富之也」，又說：「輕田野之稅，平關市之征，省商賈之數，罕興力役，無奪農時，如是則國富矣。」〔註10〕尤其可貴的是荀子還就發展生產與富民兩者之間的辯證關係作了進一步的論述。他說：「裕民則民富，民富則田肥以易，田肥以易則出實百倍。」〔註11〕其意就是說，發展生產的目的是促進民富，而民富的結果，則能促進生產的更大發展，其結果「事成功立，上下俱富」，即在富民的基礎上，國家也隨之富強起來。由上所述可見，在富民問題上，儒家堅持富國必先富民，民不富，則國不強；只有將富民與富國有機地結合起來，國家才能富強。

2、法家力主富國

　　與儒家所持的富民論相異，先秦時期的法家以富國立論。法家的富國論又有由管子開其端的齊法家富國濟民論和秦晉法家的弱民富國論，兩種富國論在百姓的經濟利益上又有一些差距，齊國法家重視人們的物質利益需求，而秦晉法家則主張將百姓的物質利益需求納入君主專制制度下，以服從國家的強大和富裕。他們強調「欲利而身，先利而君；欲富而家，先富而國。」〔註12〕即把富國強兵看作是百姓安居樂業和生活富足的前提和保障，認為沒有國家的富裕強大，就沒有人民的富裕和幸福生活。（當然早期法家對富民也相當重視，如管仲說：「凡治國之道，必先富民。」〔註13〕由於在整個國民經濟體系中，最重要的是農業生產。為此管仲因而主張「無奪農時，則百姓富」，「相地而衰徵，則民不移」〔註14〕，即按照土地的質量分等級徵收農業稅，不但使農民負擔更合理，國家稅收更有保障，而且使農民更加關心土地耕作，從而推動農業生產的發展。以商鞅等人為代表的法家人物認為民的一切活動都要為國君實現其目的服務，因為民只是國君用以實現其政治、經濟和軍事目的的一種工具。所以從根本上來說，富民不是法家闡述問題的重點，他們強調的是「富國強兵」之策。因而理論上提出與儒家所倡導的「保民而王」，「王者富民」的思想相對立，主張「國富者王」、「國富而治，王之道也」。〔註15〕

〔註10〕《荀子・富國》。
〔註11〕《荀子・富國》。
〔註12〕《韓非子・外儲說右下》。
〔註13〕《管子・治國》。
〔註14〕《國語・齊語》。
〔註15〕《商君書・農戰》。

當時的法家代表人物韓非子亦認爲，就治國的根本任務而言，富民既非必要，也非有利於執政者的統治。他們還主張強公室、弱私家，甚至認爲民富不利於君主的役使和控制，因此與其富民，不如使民貧窮。只有人民的貧窮才能使君主的統治有利。在韓非看來，人們的本性是「財足則墮於用力」〔註16〕，因此如果首先強調民富，人民就不會爲國家「用力」。韓非允許「使民以力得富」，但其先決的條件是讓人民爲富國效力。這是韓非富國理論的核心和主旨。〔註17〕韓非認爲，爲什麼首先必須富國或以富國爲優先發展戰略呢？這是由於戰國時代各國互相爭奪統治權的形勢所要求的。凡是要在這一場實力角逐中取得勝利，必須以富國爲先。總之，在富民與富國關係問題上，法家認爲富民不過是實現富國最終目的的一種手段而已。

二、賢良文學與大夫御史關於富國與富民之爭

富國與富民之爭是《鹽鐵論》貧富之爭的實質。從大夫、御史與賢良、文學關於富國與富民之爭的言辭看，兩者之爭的實質並不是要不要富國與要不要富民，而是富國與富民誰應被優先確保的問題。

1、賢良文學強調富民優先

賢良、文學繼承儒家的富民思想，強調富民優先，「王者不聚」，「民人藏於家，諸侯藏於國，天子藏於海內。故民人以垣牆爲藏閉，天子以四海爲匣匱。……是以王者不畜聚，下藏於民，遠浮利，務民之義。」〔註18〕賢良、文學也以史爲證駁斥大夫、御史的百倍之利說，其邏輯是：山澤還是那些山澤，田土還是那些田土，生產沒有發展，怎麼會增加了百倍之利？所以大夫、御史的百倍之利只是國富百倍，而不是民富百倍，「昔文帝之時，無鹽、鐵之利而民富；今有之而百姓困乏，未見利之所利也，而見其害也」；再說利出於民，百倍之利實爲加重害民，「且利不從天來，不從地出，一取之民間，謂之百倍，此計之失者也。無異於愚人反裘而負薪，愛其毛，不知其皮盡也。夫李梅實多者，來年爲之衰，新穀熟而舊穀爲之虧。自天地不能兩盈，而況於

〔註16〕《韓非子・六反》。

〔註17〕 參閱巫寶三主編：《先秦經濟思想史》第597頁，北京：中國社會科學出版社，1996年。

〔註18〕《鹽鐵論・禁耕》，王利器：《鹽鐵論校注（定本）》第67頁，北京：中華書局，1992年。

人事乎？故利於彼者必耗於此，猶陰陽之不並曜，晝夜之有長短也。」〔註 19〕賢良、文學因此而堅決主張廢除官營工商業，允許民間自由經營，藏富於民，「公卿誠能自強自忍，食文學之至言，去權詭，罷利官，一歸之於民，親以周公之道，則天下治而頌聲作。」〔註 20〕賢良、文學對官害的認識可謂是異常清晰，但對豪民之害，國家管理經濟的必要性卻避而不談，無疑也具有片面性。

　　從富民優先的觀點出發，賢良、文學堅決反對大夫、御史的鹽鐵官營措施。賢良、文學認爲大夫、御史既做大官，就不可兼謀私利，或者兼做自己的生意，從中得利，「古者，事業不二，利祿不兼，然諸業不相遠，而貧富不相懸也。夫乘爵祿以謙讓者，名不可勝舉也」，相反「因權勢以求利者，入不可勝數也。食湖池，管山海，芻蕘者不能與之爭澤，商賈不能與之爭利。」〔註 21〕賢良、文學認爲這樣做即使出發點是富民，即富百姓，其結果卻可能是富者益富，貧者益貧。文學以治病爲喻，良醫扁鵲治病「撫息脈而知疾所由生，陽氣盛，則損之而調陰，寒氣盛，則損之而調陽，是以氣脈調和，而邪氣無所留矣」，而「夫拙醫不知脈理之腠，血氣之分，妄刺而無益於疾，傷肌膚而已矣」，鹽鐵官營措施就好比作拙醫治病，「今欲損有餘，補不足，富者愈富，貧者愈貧矣。嚴法任刑，欲以禁暴止姦，而姦猶不止。意者非扁鵲之用鍼石，故眾人未得其職也。」〔註 22〕賢良贊同此說法，並進一步提出公卿大夫、御史退出所佔有的園池，削減田宅，取銷平準均輸，罷去鹽鐵壟斷的主張，「蓋橈枉者以直，救文者以質。昔者，晏子相齊，一狐裘三十載，故民奢，示之以儉；民儉，示之以禮。方今公卿大夫子孫，誠能節車輿，適衣服，躬親節儉，率以敦樸，罷園池，損田宅，內無事乎市列，外無事乎山澤。農夫有所施其功，女工有所粥其業；如是，則氣脈和平，無聚不足之病矣。」〔註 23〕

〔註 19〕《鹽鐵論・非鞅》，王利器：《鹽鐵論校注（定本）》第 93～94 頁，北京：中華書局，1992 年。

〔註 20〕《鹽鐵論・能言》，王利器：《鹽鐵論校注（定本）》第 459 頁，北京：中華書局，1992 年。

〔註 21〕《鹽鐵論・貧富》，王利器：《鹽鐵論校注（定本）》第 220 頁，北京：中華書局，1992 年。

〔註 22〕《鹽鐵論・輕重》，王利器：《鹽鐵論校注（定本）》第 179 頁，北京：中華書局，1992 年。

〔註 23〕《鹽鐵論・救匱》，王利器：《鹽鐵論校注（定本）》第 400～401 頁，北京：中華書局，1992 年。

賢良、文學要求公卿大夫、御史放棄自己的既得利益，無異於與虎謀皮，是
迂闊之言。

2、大夫御史強調富國優先

作爲法家思想的繼承者，大夫、御史比較強調物質的作用，強調實利，
反對脫離物質利益的虛偽禮義和浮誇的說教，認爲在現實社會中人們都是圍
繞著物質利益進行各種各樣的鬥爭，「未有不能自足而能足人者」，因而鼓勵
人們謀求富貴，君主則可以利用人們追求富貴的本性，讓百姓勤於耕織，多
創造物質財富，戰場上英勇殺敵，使國家強大。這樣才可能達到使國家富強
的目標。但大夫、御史堅持富國應優先於富民，當二者產生矛盾時，只能犧
牲富民。大夫、御史以商鞅變法而強秦爲例證，說：「昔商君明於開塞之術，
假當世之權，爲秦致利成業，……其後，蒙恬征胡，斥地千里，踰之河北，
若壞朽折腐」，原因何在？原因就是「商君之遺謀，備飭素脩也。故舉而有利，
動而有功」，所以「夫蓄積籌策，國家之所以強也。故弛廢而歸之民，未覩巨
計而涉大道也」。〔註24〕這裏涉及的「蓄積」，是「山澤之稅」和完飾的器械。
「山」指鐵稅，「澤」指鹽稅。「籌策」，是《鹽鐵論》中「輕重」的另一說法，
即用國家壟斷和政府直接經營工商業的辦法，輕易取得超額利潤。〔註25〕大
夫、御史認爲「蓄積」和「籌策」是強國的原由和根本大計，「所給甚眾，有
益於國，無害於人。」〔註26〕大夫、御史堅決反對棄置「蓄積」和「籌策」
而讓利於民，還譏笑賢良、文學不懂得國家的重大戰略，沒有跨進治國大道
的門坎，「言之非難，行之爲難。故賢者處實而效功，亦非徒陳空文而已」，「故
弛廢而歸之民，未覩巨計而涉大道也」。〔註27〕可見，在富國這一問題上，大
夫、御史是以商鞅爲榜樣的。其實商鞅主張開塞之術，講究耕地產糧，並重
視儲備。不像桑弘羊只談輕重之術，只抓財政收入。

大夫、御史富國優先論的現實依據是富民優先會衝擊國家穩定，而國家
富裕，進而才能使民也富裕，「交幣通施，民事不及，物有所并也。計本量委，

〔註24〕《鹽鐵論·非鞅》，王利器：《鹽鐵論校注（定本）》第95頁，北京：中華書局，1992年。
〔註25〕參見本文附錄《釋輕重》。
〔註26〕《鹽鐵論·非鞅》，王利器：《鹽鐵論校注（定本）》第93頁，北京：中華書局，1992年。
〔註27〕《鹽鐵論·非鞅》，王利器：《鹽鐵論校注（定本）》第95頁，北京：中華書局，1992年。

民有饑者,穀有所藏也。……民大富,則不可以祿使也;大彊,則不可以罰威也。非散聚均利者不齊」,所以政府要儲備糧食,操縱貨幣,為不足者進行調劑,禁止超額利潤,扼住獲利的關卡,使百姓家給人足,「故人主積其食,守其用,制其有餘,調其不足,禁溢羨,厄利塗,然後百姓可家給人足也。」〔註28〕大夫、御史所擔憂「民大富,則不可以祿使也;大彊,則不可以罰威也」的「民」其實是豪民而非一般的百姓,關於這一點大夫、御史並不諱認,「權利之處,必在深山窮澤之中,非豪民不能通其利。異時,鹽鐵未籠,布衣有胸邴,人君有吳王,皆鹽鐵初議也。吳王專山澤之饒,薄賦其民,賑贍窮乏,以成私威。私威積而逆節之心作。夫不蚤絕其源而憂其末,若決呂梁,沛然,其所傷必多矣」,如果「今放民於權利,罷鹽鐵以資暴彊,遂其貪心,眾邪群聚,私門成黨,則強禦日以不制,而并兼之徒姦形成也。」〔註29〕所以要設平準,以做到童叟無欺,「山海有禁而民不傾,貴賤有平而民不疑。縣官設衡立準,人從所欲。雖使五尺童子適市,莫之能欺」,若「今罷去之」,「則豪民擅其用而專其利,決市閭巷,高下在口吻,貴賤無常,端坐而民豪,是以養強抑弱而藏於跖也。」〔註30〕豪民不等於所有的民,豪民之禍不等於民之禍,因此大夫、御史所憂雖有事實之據,卻是片面的事實,以此片面之據為基礎的國富優先論無疑具有片面性。

大夫、御史與賢良、文學關於富民與富國的爭論雖各有其片面性,但對於今天的人們正確認識、處理集體利益與個人利益的關係有重要啟示性。個人利益是個人活動的前提和動力,包括物質需要和精神需要兩大方面,如生活條件、教育條件、工作條件以及發展自己有益於社會的個性和特長的需要,等等。集體利益是指社會利益以及組成集體的各個個體的共同利益或根本利益。集體利益是社會有機體發揮其職能的需要,具有全局性、長遠的和根本的性質。與此相比,個人利益只能具有局部的和暫時的性質,這就決定了二者必然出現對立的一面。大夫、御史與賢良、文學關於富民與富國的爭論的片面性其實是這種對立性的反映。另一方面,集體利益與個人利益又是統一的:社會利益不能離開個人利益而獨立存在,個人利益必然依賴集體利益。

〔註28〕《鹽鐵論‧錯幣》,王利器:《鹽鐵論校注(定本)》第 56 頁,北京:中華書局,1992 年。

〔註29〕《鹽鐵論‧禁耕》,王利器:《鹽鐵論校注(定本)》第 67 頁,北京:中華書局,1992 年。

〔註30〕同上,第 68 頁。

因此應將集體和個人利益有機結合。為此必須堅持三個原則，即集體利益的優先性和首要性，個人利益的合理性和正當性，個人利益同集體利益的協調性和結合性。〔註 31〕大夫、御史富國優先論的缺陷是強調集體利益優先性，卻忽視對個人利益合理性的論證。賢良、文學強調個人利益的合理性，卻缺乏對集體利益優先性地說明。兩者的共同缺陷是不承認對方觀點的合理性，從而沒有思考如何使集體利益與個人利益協調與結合。

三、賢良文學與大夫御史關於貧富的原因與態度的辯難

貧富既是一種財富佔有的現實，也跟財富主體的行為與才智相關。如何對待貧富，是經濟倫理的一個重要問題。賢良文學與大夫御史在分析貧富形成的原因以及如何對待貧富諸問題上都展開了激烈的爭論，總體上說，賢良文學用德性主義和道義論來看待貧富問題，主張用道德的手段來脫貧致富，而大夫御史則持功利主義的態度，理直氣壯地為富裕辯護，而抨擊貧窮。

1、關於貧富的原因之爭

關於貧富的原因之爭是《鹽鐵論》貧富之爭的核心。大夫、御史認為民貧富的根本原因有三：其一在於民自身的勤勞與節儉程度。大夫、御史舉例說：住一塊地方，同處一個時代，如果不是因為災害疾病，都富了，而他單獨貧窮，不是懶惰，就是奢侈，「大夫曰：共其地，居是世也，非有災害疾疫，獨以貧窮，非惰則奢也；無奇業旁入，而猶以富給，非儉則力也」，對惰、奢之人實在不應該給予同情而給予救助，否則表面上在在施仁義，實不仁，「今曰施惠悅爾，行刑不樂；則是閔無行之人，而養惰奢之民也。故妄予不為惠，惠惡者不為仁。」〔註 32〕關於節儉在致富中的作用，大夫、御史自己現身說法：「大夫曰：余結髮束脩，年十三，幸得宿衛，給事輦轂之下，以至卿大夫之位，獲祿受賜，六十有餘年矣」，其原因就在於自己「車馬衣服之用，妻子僕養之費，量入為出，儉節以居之，奉祿賞賜，一二籌策之，積浸以致富成業。故分土若一，賢者能守之；分財若一，智者能籌之」，再以白圭為例，「夫白圭之廢著，子貢之三至千金，豈必賴之民哉？運之六寸，轉之息耗，取之

〔註 31〕唐凱麟編著：《倫理學》第 318～325 頁，北京：高等教育出版社，2001 年。
〔註 32〕《鹽鐵論‧授時》，王利器：《鹽鐵論校注（定本）》第 422 頁，北京：中華書局，1992 年。

貴賤之間耳。」〔註33〕其二在於民之勞動能力高低,「智者有百人之功,愚者有不更本之事。人君不調,民有相萬之富也。此其所以或儲百年之餘,或不厭糟糠也。」〔註34〕既然民之貧富在於人的能力及其發揮,因此國家對民之貧富無需擔責,因為對於懶漢之窮,國家是沒有辦法的,「墮民不務田作,饑寒及己,固其理也。其不耕而欲播,不種而欲穫,鹽、鐵又何過乎?」〔註35〕,「夫居事不力,用財不節,雖有財如水火,窮乏可立而待也。有民不畜,有司雖助之耕織,其能足之乎?」〔註36〕其三在於是否有致富之術。所謂的致富之術主要指善於經商。大夫、御史舉例曰:「燕之涿、薊,趙之邯鄲,魏之溫軹,韓之滎陽,齊之臨淄,楚之宛、陳,鄭之陽翟,三川之二周,富冠海內,皆為天下名都。非有助之耕其野而田其地者也。居五諸之衝,跨街衢之路也」。可見,「故物豐者民衍,宅近市者家富。富在術數,不在勞身,利在勢居,不在力耕也。」〔註37〕大夫、御史並不否定貧窮的社會原因,只是大夫、御史認為的貧窮的原因與賢良、文學的不同。前者認為貧窮與兼并有關,「大夫曰:交幣通施,民事不及,物有所并也。計本量委,民有饑者,穀有所藏也。」〔註38〕

人類進行生產的目的是創造財富,以滿足自身和社會的需要。財富通過勞動才能被創造。自然原生物具有粗糙性,或只有有限的使用價值;而且自然原生物的使用價值多半是潛在的,它需要勞動來加以開發和鑄造。正如馬克思所說:「任何一種不是天然存在的物質要素,總是必須某種專門的、使特殊的自然物質適合於特殊的人類需要的、有目的的生產活動創造出來。因此,勞動作為使用價值的創造者,作為有用勞動,是不以一切社會形式為轉移的人類生存條件,是人和自然之間的物質變換即人類生活得以實現的永恆的自

〔註33〕　《鹽鐵論・貧富》,王利器:《鹽鐵論校注(定本)》第 219~220 頁,北京:中華書局,1992 年。

〔註34〕　《鹽鐵論・錯幣》,王利器:《鹽鐵論校注(定本)》第 56 頁,北京:中華書局,1992 年。

〔註35〕　《鹽鐵論・未通》,王利器:《鹽鐵論校注(定本)》第 191 頁,北京:中華書局,1992 年。

〔註36〕　《鹽鐵論・授時》,王利器:《鹽鐵論校注(定本)》第 422~423 頁,北京:中華書局,1992 年。

〔註37〕　同上,41 頁。

〔註38〕　《鹽鐵論・錯幣》,王利器:《鹽鐵論校注(定本)》第 56 頁,北京:中華書局,1992 年。

然必然性。」〔註39〕即便在現代社會中，科技的發展使得在財富創造中，非勞動要素的作用和貢獻增大，同時活勞動的作用、功能的減縮，勞動創造財富的命題也未失效。因為，只有在勞動的啟動、黏合、調控制等等功能下，非勞動的要素才真正發揮出使用價值形成的功能，從而轉化為現實生產力，「活勞動必須抓住這些東西，使它們由死復生，使它們從僅僅是可能的使用價值變為現實的和起作用的使用價值。它們被勞動的火焰籠罩著，被當作勞動自己的軀體，被賦予活力以在勞動過程中執行與它們的概念和職務相適合的職能。」〔註40〕勞動的實現則取決於人的能力及其發揮：從人與自然資源的關係看，人是認識與評價，更新改造自然的主體，自然資源則是適應人的需要基於自然本身的屬性而由人創造的客體；從人與人的關係看，人與人的關係到歸根到底是一種利益關係，人與人之間的利益關係歸根到底也決定於人的能力。但是勞動只是形成新產品，新產品要成為現實存在的財富必須是消費後的產品，所以增加財富離不開節儉，奢侈只能浪費財富。同時，財富始終是社會性的財富，往往要通過商品交換的環節才能最終實現，所以致富的確不只在「農」，經商有術是致富的有效之道。大夫、御史只講人有勤惰，智愚，節奢之別是人之貧富的根本原因，無疑具有剝削階級的偏見。但在合理的制度下，這些因素就是決定民之貧富的根本原因。所以大夫、御史的分析又的確在理，為勤勞，節儉，經商致富提供了道義的論證。

賢良、文學針鋒相對地指出民之貧窮的根本原因就是官禍。他們舉例說，文景之時，三十稅一，漢武帝沿襲未改。名義稅賦雖輕，但按田畝實際面積納稅，實際賦稅未必輕。結果「田雖三十，而以頃畝出稅，樂歲粒米狼戾，而寡取之，凶年飢饉而必求足。加之以口賦更繇之役，率一人之作，中分其功。農夫悉其所得，或假貸而益之。是以百姓疾耕力作，而饑寒遂及己也。」〔註41〕至於富的根本原因，賢良、文學強調關鍵在於遭時，即知遇於明君「君子遭時則富且貴」。根本途徑則在於勤儉於農業之本。賢良、文學舉例曰：「荊、揚南有桂林之饒，內有江、湖之利，左陵陽之金，右蜀、漢之材，伐木而樹穀，燔萊而播粟，火耕而水耨，地廣而饒材。然民窳惰偷生，好衣甘食。雖

〔註39〕馬克思：《資本論》第 202 頁，北京：人民出版社，1975 年。

〔註40〕馬克思：《資本論》第 55 頁，北京：人民出版社，1975 年。

〔註41〕《鹽鐵論‧未通》，王利器：《鹽鐵論校注（定本）》第 191 頁，北京：中華書局，1992 年。

白屋草廬，歌謳鼓琴，日給月單，朝歌暮戚。趙、中山帶大河，纂四通神衢，當天下之蹊，商賈錯於路，諸侯交於道。然民淫好末，佟靡而不務本，田疇不脩，男女矜飾，家無斗筲，鳴琴在室」，結果「是以楚、趙之民，均貧而寡富」，與之相較，「宋、衛、韓、梁，好本稼穡，編戶齊民，無不家衍人給。故利在自惜，不在勢居街衢；富在儉力趣時，不在歲司羽鳩也。」〔註42〕

賢良、文學將民之貧富的根本原因視爲官方政策及其實施，以及只強調致富在農的貶商思想無疑具有時代局限性，不利於人民脫貧致富能力的培育，思想的養成，不利於商品經濟的發展。但是賢良、文學的思想卻啓示我們，民之貧富與制度及其實施的關係緊密，因而建設良好的制度，即公正的制度是脫貧致富的重要保障。人類之所以需要公正制度的作用，康德認爲這是由於世俗的人們並非每個人都自願承擔起責任，公正法則是確保社會和平與和諧的必要而充分的條件，因爲完全地貫徹了這個法則，大量的個人意志，包括個人的功利意志就能在人們的自由行動中實現完美的和諧。制度經濟學家則通過對「經濟人」的行爲假定進行批評後，指出人只有有限的理性，人還有機會主義的行爲傾向，即一種狡詐的自私自利的行爲傾向。求利的人性之體會通過不同的人性之用取得：通過符合絕大多數人利益的行爲獲得或通過損害絕大多數人的利益獲得，因此必須以制度對人的行爲進行規範，因爲「制度是一個社會的遊戲規則，是爲決定人們之間的相互關係而人爲設定的一些約束，制度通過建立一個相互作用的穩定的，但不一定是有效的結構來減少不確定性，它確定和限制了人們的選擇集合」。〔註43〕學術前輩的理論告訴我們：人的非理性與機會主義的行爲傾向使其在經濟活動中會通過損人而利己。所以發展經濟需要公正制度的保障，否則整個社會的可持續、和諧穩定發展將面臨嚴重的挑戰。當然對於制度對經濟發展的功能，我們不能僅從消極的規範意義分析，因爲有效制度的基本功能是通過理順人們之間的相互關係，提供激勵動力，保障人們的自由不受障礙，搭建人們「競爭，合作」的社會平臺，拓展人們創造力發揮，發展的自由空間來解放人，發展人的能力。制度對公民的有害行爲進行禁止是其重要功能，但這正是每個公民自由

〔註42〕　《鹽鐵論・通有》，王利器：《鹽鐵論校注（定本）》第41～42頁，北京：中華書局，1992年。

〔註43〕　〔美〕道格拉斯・C・諾思：《制度變遷與經濟績效》第3頁，北京：三聯書店，1994年。

發揮，發展創造力之必須。大夫、御史強調人之智愚決定其貧富，其實人各有其特性和特長，往往強於此而弱於彼，或強於彼而弱於此。人各有其長，也各有其短。有人會治生，有人不會，實無足怪。未必眞如大夫、御史所說，富就是智者，貧就是愚人。作爲施政者自當如賢良、文學所強調的，要看重人爲的因素，認清作爲施政者自己的職責，從制度上劃除導致人民貧窮的因素，鼓勵人民勤勞致富，發揮各人之所長，同時不忘指引有條件的人在致富的道路上有所作爲。大夫、御史恰缺乏此論述，這是其不足。

2、關於貧富的態度之爭

關於貧富的態度之爭是《鹽鐵論》貧富之爭的重點。賢良、文學認爲道義精神之富高於物質財勢之富，所以富未必榮，「故貴何必財，亦仁義而已矣」；道義精神之富高於物質財勢之富，所以賢良、文學強調不能棄義而求富，這樣的人才是眞君子，「君子遭時則富且貴，不遇，退而樂道。不以利累己，故不違義而妄取。隱居修節，不欲妨行，故不毀名而趨勢。雖付之以韓、魏之家，非其志，則不居也。富貴不能榮，謗毀不能傷也」，〔註44〕「君子能因人主之正朝，以和百姓，潤衆庶，而不能自饒其家，勢不便也」。這樣的例子很多，如「舜耕歷山，恩不及州里，太公屠牛於朝歌，利不及妻子，及其見用，恩流八荒，德溢四海。故舜假之堯，太公因之周，君子能修身以假道者，不能枉道而假財也」；〔註45〕道義精神之富高於物質財勢之富，所以貧未必恥，「夫賤不害智，貧不妨行。顏淵屢空，不爲不賢。孔子不容，不爲不聖」，君子應安貧樂道，「古之君子，守道以立名，修身以俟時，不爲窮變節，不爲賤易志。……故惟仁者能處約、樂，小人富斯暴，貧斯濫矣」；富則未必榮，「陽子曰：『爲仁不富，爲富不仁。』……公卿積億萬，大夫積千金，士積百金，利己并財以聚，百姓寒苦，流離於路，儒獨何以完其衣冠也？」〔註46〕

和賢良、文學的看法不同，大夫、御史以取得財利爲榮，而以貧窮爲恥，因爲貧富取決於個人的能力用其努力，所謂「道懸於天，物布於地，智者以衍，愚者以困」。而富人顯於諸侯，尊於當世，富人與富人交接，給窮人以利

〔註44〕《鹽鐵論・貧富》，王利器：《鹽鐵論校注（定本）》第 221 頁，北京：中華書局，1992 年。

〔註45〕同上，第 220～221 頁。

〔註46〕《鹽鐵論・地廣》，王利器：《鹽鐵論校注（定本）》第 209～210 頁，北京：中華書局，1992 年。

益，上下都說他仁德，「子貢以著積顯於諸侯，陶朱公以貨殖尊於當世。富者交焉，貧者贍焉。故上自人君，下及布衣之士，莫不戴其德，稱其仁。原憲、孔伋，當世被饑寒之患，顏回屢空於窮巷，當此之時，迫於窟穴，拘於縕袍，雖欲假財信姦佞，亦不能也。」〔註 47〕此說接近於事實，但對窮而有德者，大夫、御史表示鄙夷，以為他們自己受苦，且無益於世，則顯然有些片面。大夫、御史據此還譏笑賢良、文學根本不會治國，「儒皆貧羸，衣冠不完，安知國家之政，縣官之事乎？」在大夫、御史看來，「夫祿不過秉握者，不足以言治，家不滿檐石者，不足以計事」，而「文學能言而不能行，居下而訕上，處貧而非富，大言而不從，高厲而行卑，誹譽訾議，以要名采善於當世」〔註 48〕。這些當然是大夫、御史的苛責之言，因為即使不能自身致富，他也可能有別的長處。即如桑弘羊所推崇的商鞅，在秦國當政之前，屢遭挫折，狼狽不堪，立身都成問題，更不用說發財致富。

　　大夫、御史與賢良、文學對貧富的態度之爭實際上涉及了所謂的義榮（辱）與勢榮（辱）的關係問題。義榮（辱）與勢榮（辱）的關係問題，先秦的荀子有了充分的認識與說明。荀子認為在現實生活中，榮與辱可以分為兩種不同形態：「有義榮者，有勢榮者；有義辱者，有勢辱者。志意修，德行厚，知慮明，是榮之由中出者也，夫是謂義榮。爵列尊，供祿厚。形勢勝，上為天子諸侯，下為卿相大夫，是榮之外至者也，夫謂之勢榮。流淫污僈，犯分亂理，驕暴貪利，是辱之由中出者也，夫是之謂義辱，詈侮捽搏，捶笞臏腳，斬斷枯磔，籍靡舌，是辱之由外至者也，夫是之謂勢辱。是榮辱之兩端也。」〔註 49〕即由個人道德高尚而獲得的榮譽為義榮，由個人不道德的行為而遭到的恥辱為義辱。而由權勢地位帶來的榮譽為勢榮，外界強加於己的侮辱為勢辱。荀子進一步說明，在實際生活中不同的人在榮辱的獲得上是不同的：「故君子可以有勢辱而不可以有義辱，小人可以有勢榮而不可以有義榮。有勢辱無害為堯，有勢榮無害為桀。」〔註 50〕從賢良、文學與大夫、御史關於貧富的態度之爭可以看出，前者欣賞的是義榮的賢者，後者肯定的是勢榮的能者。

〔註 47〕《鹽鐵論‧貧富》，王利器：《鹽鐵論校注（定本）》第 221 頁，北京：中華書局，1992 年。

〔註 48〕《鹽鐵論‧地廣》，王利器：《鹽鐵論校注（定本）》第 209 頁，北京：中華書局，1992 年。

〔註 49〕《荀子‧正論》。

〔註 50〕《荀子‧正論》。

賢良、文學強調義榮，但並不否定勢榮，其看法無疑比大夫、御史的觀點更全面些。在市場經濟條件下，由於市場的本性使得人們對利益的追求愈加公開化，甚至極端化。拜金主義，這個被馬克思痛撻的怪物，在當今中國似乎廣有市場。不少人以對財富佔有的多少來評價人，以地位的高低來衡量人的價值。這種財富觀不問財富到底是通過誠實勞動、技術創新、合法經營、誠信經營得來的，還是通過坑蒙拐騙、逃稅行賄得來的；也不問富起來之後，到底是熱心公益、回報社會，還是窮奢極欲，歧視、鄙視、坑害那些還沒有富起來的勞動者。還有些人一旦有了一點社會地位，就忘乎所以，擺架子，顯闊氣，頤指氣使，而不知道社會地位、權力以及各種獎勵和榮譽稱號，都來自社會和人民。其實，地位同時意味著對社會承當更大的責任、意味著對人民、對國家有更多的義務和自身對社會的以身垂範。今天的人們在求利的活動中重溫大夫、御史與賢良、文學關於貧富態度的論爭，尤其是以賢良、文學之言來警醒自己的確很有必要。

第六章　奢儉論：《鹽鐵論》經濟思想
的深化

　　奢侈與節儉是人們處理財富和生活消費的不同方式。奢、儉觀是指人們關於物質財富處置和生活消費的根本認識和倫理態度。鹽鐵會議上大夫、御史與賢良、文學關於奢、儉之爭是西漢奢侈之風泛濫的反映；其實質是爭論雙方經濟倫理思想的深化。在奢與儉問題上，賢良、文學主張「反奢崇儉」，大夫、御史等主張「節奢刺儉」。

一、先秦時期的奢、儉論

　　大夫、御史與賢良、文學的奢儉的思想之源即先秦諸子的消費思想。透過儒家、墨翟、管子、老子的消費思想的分析，我們從中可以看出它們與大夫、御史及賢良、文學的奢儉論的傳承關係。

　　儒家的消費思想，總的說來是崇儉，其特點是孟子所概括的「用之以禮」。〔註1〕孔子認為，節儉勝於奢侈，「奢則不遜，儉則固。與其不遜也，寧固。」〔註2〕孔子的崇儉思想貫了穿其仁愛思想，主要目的是規勸統治者愛民，「道千乘之國，敬事而信，節用而愛人，使民以時。」〔註3〕對這裏的「節用」，唐凱麟老師有精闢的解釋。「『節用』則意味著可以薄斂，『愛人』才能落到實

〔註1〕　唐凱麟等：《中國古代經濟倫理思想史》第102頁，北京：人民出版社，2004年。

〔註2〕　《論語‧述而》。

〔註3〕　《論語‧學而》。

處。同時，『節用』也意味著輕繇，這樣，『使民以時』才真正可能。孔子並不一律反對享受，認為「富與貴是人之所欲也」。〔註4〕從《鄉黨》篇中所開列的衣食清單，可以知道孔子並不是一個只說節儉、只要貧窮的人，但是孔子強調一定要區別奢和儉的界限，遵循禮制所規定的等級消費標準。只有嚴格符合這個標準，消費行為才是正當的，否則，超過禮所規定的標準則是「奢」，低於這個標準則是「儉」。「奢」和「儉」都偏離了禮制所規定的等級消費標準，但「儉」比「奢」要好一些。孔子在日常生活中身體力行，嚴守禮所規定的標準。例如，在飲食方面，他「食不厭精，膾不厭細。」〔註5〕衣服方面，須單、夾、裘均齊備。〔註6〕出門就必須有車，「使吾從大夫、御史之後，不可徒行也。」〔註7〕總之，按照禮所規定的等級標準進行消費，是孔子特有的消費思想。

孟子在肯定按等級消費的基礎上，提出一個「道」的原則，認為凡是符合「道」的消費都是合理的，不符合「道」的消費是不合理的。孟子在《滕文公下》答彭更問「後車數十乘，從者數百人，以傳食於諸侯，不以泰乎？」他回答說：「非其道，則一簞食不可受於人。如其道，則舜受堯之天下，不以為泰。」什麼是「道」呢？孟子說：「子不通功易事，以羨補不足，則農有餘粟，女有餘布。子如通之，則梓匠輪輿，皆得食於子。於此有人焉，入則孝，出則悌，守先王之道，以待後之學者，而不得食於子，子何尊梓匠輪輿而輕為仁義者哉？」，「其有功於子，可食而食之矣」，即為道。〔註8〕孟子還從體力勞動與腦力勞動都對社會有「功」，即有益於社會為根據，認為他們都應獲得物質報酬。荀子也主張有度的等級消費，因為貴為天子，富有四海是人情之所同欲，但「欲多而物寡，寡則必爭矣。」〔註9〕所以要制禮義以分之，使貴賤有等，長幼有差，智愚有別。他把按等級消費看做是處理「欲」與「物」矛盾的手段，實際上他已經意識到了生產對消費的決定作用。

先秦諸子中，墨子的節用思想最為突出，最典型。墨子將生活用品分成兩類，一類是生存所必需的，一類是奢侈的。他主張只要必需，反對奢侈。

〔註4〕《論語・里仁》。
〔註5〕《論語・鄉黨》。
〔註6〕《論語・鄉黨》。
〔註7〕《論語・先進》。
〔註8〕《孟子・滕文公下》。
〔註9〕《荀子・富國》。

其基本內容是：在食、衣、住、行各方面的消費都以滿足基本生理需要為標準。墨翟所設想的標準，大抵如下：在飲食方面，「凡足以充虛繼氣，強股肱，耳目聰明，則止」，而不要追求「五味之調，芬香之和。」〔註10〕衣服方面，「冬以圉寒，夏以圉暑」、「冬加溫，夏加清。」〔註11〕居住方面，房屋要「冬以圉風寒，夏以圉暑雨。」〔註12〕堅固足以防寇亂盜賊，「其中蠲潔，可以祭祀，宮足以為男女之別，則止。」〔註13〕交通工具方面，「乘之則安，引之則利，安以不傷人，利以速至，此車之利也」。〔註14〕墨翟對財富、生產、人口、儲備、賦役等問題的論述，也都與節用論相聯繫，並以節用論為基礎。例如，墨子認為君王厲行節約，就等於擴大了地盤，所以不要老是想去擴充地盤，「聖人為政一國，一國可倍也；大之為政天下，天下可倍也。其倍之，非外取地也，因其國家去其無用之費，足以倍之。」〔註15〕墨子還以「節用」來界定財富的概念，並且從節用思想出發，還提出節葬、非樂等命題，以「興天下之利，除天下之害」。墨翟很重視儲備問題（墨翟是中國經濟思想史上第一個對糧食儲備問題進行詳細論述的人）。他認為要使國家、家庭都能保持充足的糧食儲備，就必須遵循「生財密，用之節」的基本公式，因為節用是保證糧食儲備的首要前提。墨翟主張輕繇薄賦，依此才能消除「饑者不得食，寒者不得衣，勞者不得息」〔註16〕的狀況。

　　管子既有主張節儉的論述，又有主張侈靡的說法，其消費思想在當時是比較特殊的。《史記》說他有「三歸」，「反坫」。管子認為，在正常經濟條件下，應宣揚節儉，「故明主有六務四禁，六務者何也？一曰節用。」〔註17〕但管子又指出侈靡的消費在特定條件有特殊作用，因為「儉則傷事，侈則傷貨。」對於儉則傷事，管子進步說明：「儉則金賤，金則賤事不成，故傷事。……事已而後知貨之有餘，是不知節也。」〔註18〕意思是說節儉則黃金之用途少，於是黃金價格將下落，金賤則會使人們對事業活動缺乏興趣。因此要等商品

〔註10〕《墨子‧節用中》。
〔註11〕《墨子‧節用上》。
〔註12〕《墨子‧節用上》。
〔註13〕《墨子‧節用中》。
〔註14〕《墨子‧節用中》。
〔註15〕《墨子‧節用上》。
〔註16〕《墨子‧非樂上》。
〔註17〕《管子‧七臣七主》。
〔註18〕《管子‧乘馬》。

有餘或過多才知道於生產事業不利，這是不聰明的。所以在處理國家經濟事務時，要在商品「短缺」或「充斥」以前就有察覺，預先安排。「侈則傷貨」的道理很簡單，因為奢侈的消費，會引起被消費的貨物的短缺。《管子》主張在一定條件下應強調侈靡。所謂「一定」條件，《管子》在《侈靡》篇中指出：「興時化，若何？曰：莫善於侈靡。」〔註19〕「興時化（貨）」意味在社會生產不振，有必要予以推動的場合。在這種場合下，要推動生產，只有提倡侈靡之一道。《管子》在《乘馬篇》中接著補充道：若歲凶旱水災害，民失其本，「則修宮室臺榭，以前無狗後無彘者為庸。故修宮室臺榭，非麗其樂也，從平國策也。」〔註20〕因此可以看出，管子提倡侈靡，主要是為了藉侈靡以擴大人民的就業機會，使人民不致顛沛流離，從而有利於生產的恢復和繁榮。管子這些論述用當代宏觀經濟學術語來說就是經濟蕭條、經濟不景氣時期，應該採取刺激有效需求的辦法。可見，管子鼓勵侈靡之說是有條件的，與正常經濟條件下的崇儉之說並不矛盾。

在先秦諸子的消費思想中，以老子為代表的道家是最徹底的崇儉派。老子尊道貴德，提倡無為而治，主張小國寡民，自然反對奢侈的生活方式，「朝甚除，田甚蕪，倉甚虛，服文采，帶利劍，厭飲食，而資財有餘，是謂盜誇。非道哉。」〔註21〕老子從保身的角度指出：儉能長久，奢則否，「我恒有三寶，持而寶之，一曰慈，二曰儉，三曰不敢為天下先。」〔註22〕由此，老子提出「以聖人去甚、去奢、去泰」，〔註23〕「是以大丈夫居其厚而不居其薄，居其實而不居其華，故去彼取此」。〔註24〕在老子看來，儉樸的生活既符合自然法則又有益於人的身心健康，「罪莫大於可欲，禍莫大於不知足」，所以只要「實其腹，強其骨」即可。可見，老子的節儉思想是從道性上來解釋尚儉和關心人的生存狀態。他所追求的是一個不需心智造作、不需意志掙扎，而能符合自然的生活。

綜上所述，先秦諸子幾乎都主張「節用」、「崇儉」，即提倡節儉，反對奢侈。但是，各學派的觀點又各有特點，存在一些差異。先秦諸子消費倫理思

〔註19〕 《管子‧侈靡》。
〔註20〕 《管子‧乘馬》。
〔註21〕 《老子》五十三章。
〔註22〕 《老子》六十七章。
〔註23〕 《老子》二十九章。
〔註24〕 《老子》三十八章。

想對《鹽鐵論》的奢、儉之爭產生重大影響，主要表現是爭論雙方面的觀點雖然針鋒相對，但各自在主要引用儒家或法家思想為依據的同時，同時又不排除對其它思想的引用。

二、賢良文學與大夫御史奢、儉之爭的時代背景

　　鹽鐵會議上大夫、御史與賢良、文學關於奢、儉之爭是當時的時代背景：西漢奢侈之風泛濫的反映。通過瞭解這種時代背景可較清楚地認識到鹽鐵會議雙方的奢、儉之爭與西漢奢侈之風泛濫的現實有關，由此可明瞭《鹽鐵論》奢、儉之爭其實是爭論雙方經濟倫理思想的深化。

　　西漢奢侈之風泛濫是當時地主經濟的膨脹及社會財富日益集中在少數人手中的必然結果與反映。〔註25〕在西漢初、中期，就已經出現了許多「或滯財役貧，轉轂百數」，或「大鼓鑄，規彼田」，以逐漁鹽商賈之利，或「齎貸子錢」而「富至鉅萬」，乃至「起數千萬」富商大賈，如宣曲任氏、橋姚、無鹽氏等利用國家危急、戰爭災難，囤積居奇、壟斷物價，投機取巧，而致暴富。他們「雖無封爵之稱」，卻有公侯之富，並「因其富厚，交通王侯，力過吏勢」。〔註26〕故司馬遷稱他們是「鐘鳴鼎食」的「素封」之家。其生活的奢侈靡爛、揮霍無度比之王侯公卿有過之而無不及。西漢的豪強地主不僅蓄有雄厚的財富，而且有煊赫的政治地位。他們「藏錢滿室」〔註27〕，「多規良田，役使貧民」〔註28〕。其所作所為，如董仲舒所言「眾其奴婢，多其牛羊，廣其田宅，博其產業、畜其積委，務此而亡已」〔註29〕。據史料，在豪強地主的田園中，「前堂羅鐘鼓，立曲旃，後房婦女以百數，諸侯奉金玉狗馬玩好，不可勝數」〔註30〕。當時不少的豪強地主多以「妖童美妾，填乎綺室，倡謳伎樂，列乎深堂」〔註31〕的生活方式互相誇視，其奢侈擬於或勝過王侯。西漢的豪族貴富窮奢極欲，揮霍無算，且互相競耀，以侈靡相仿，而摩蕩風俗，使奢侈風習日以蔓延，自然會影響民間的生活方式和社會習俗。

〔註25〕　蔡鋒：《西漢的奢侈風習茲盛原因及其影響評議》，《青海社會科學》，1994年5月。
〔註26〕　《漢書・食貨志》第1132頁，北京：中華書局，1962年。
〔註27〕　《漢書・食貨志》第1176頁，北京：中華書局，1962年。
〔註28〕　《漢書・陳湯傳》第3204頁，北京：中華書局，1962年。
〔註29〕　《漢書・董仲舒傳》第2520頁，北京：中華書局，1962年。
〔註30〕　《史記・魏其武安侯列傳》第2844頁，北京：中華書局，1959年。
〔註31〕　《後漢書・仲長統傳》第1648頁，北京：中華書局，1962年。

西漢奢侈之風泛濫與西漢社會不完善的封建禮制和道德倫理綱常的弱約束力密切關聯。〔註32〕倫理道德是重要的社會調控手段，調控的主要目的就是使人們遵循一定的道德規範求利。但西漢伊始，封建禮制觀念淡薄，至西漢末年，封建等級制和封建禮教雖說初具自型，但與後世相比，其規範行為、禁錮人心的作用仍然不大。這必然造成對社會生活的失控，致使追財逐富的功利價值觀主宰著當時的社會生活。儘管封建政權三令五申要求人們恪守本業，但世俗的影響還是使許多人走上了「逐末」之路，「商賈大者積貯倍息，小者坐列販賣，操其奇贏，日遊都市」。〔註33〕商人地主的奢侈勢必影響時俗，結果是「貧人學事富家，相矜以久賈」。〔註34〕

西漢奢侈之風泛濫更緣由最高統治者窮奢極欲的影響與促動。〔註35〕史載文帝即位，躬修儉節，思安百姓。在文帝在位的時間裏，宮室、苑囿、狗馬，衣服、車騎等都無所增加。文帝自己穿著粗布袍子，他所寵愛的慎夫人也「衣不曳地，帷帳無文繡」〔註36〕，堪稱封建帝王節儉的楷模。至漢武帝時，財富大量積累以後，統治者奢侈的本性便暴露無遺。漢武帝就是當時窮奢極欲的代表與典型。東方朔曾當面對漢武帝說：「今陛下以城中為小，圖起建章，左鳳闕，右神明，號稱千門萬戶。木土衣綺繡，狗馬被繢罽；宮人簪瑇瑁，垂珠璣；設戲車，教馳逐，飾文采，聚珍怪；掩萬石之鍾，擊雷霆之鼓，作俳優，舞鄭女。」〔註37〕漢武以後的西漢君主，及宗室貴戚也不甘落後，競相仿效，多以侈靡為榮。他們的威風高過晉國的六卿，財富多於陶朱公和衛公子荊。穿衣乘車的豪華超過了皇家，房屋標準超過了朝廷規定。亭臺樓閣，交相連接，水池曲道，可供釣魚跑馬，放狗走兔。堂上有美女彈琴奏樂，堂下有淑女舞蹈。妻妾穿著絲綢細絹，子弟騎著高頭大馬。官僚們的奢侈生活，挫傷了農民的生產積極性，使農民看了放下手中的工具不再勞動。〔註38〕這就是奢侈生活的嚴重後果的反映。對此，封建統治者中清醒者不無

〔註32〕 蔡鋒：《西漢的奢侈風習茲盛原因及其影響評議》，《青海社會科學》，1994 年5 月。

〔註33〕 《漢書・食貨志》第 1132 頁，北京：中華書局，1962 年。

〔註34〕 《史記・貨殖列傳》第 3279 頁，北京：中華書局，1959 年。

〔註35〕 蔡鋒：《西漢的奢侈風習茲盛原因及其影響評議》，西寧：《青海社會科學》1994年 5 月。

〔註36〕 《漢書・文帝紀》第 134 頁，北京：中華書局，1962 年。

〔註37〕 《漢書・東方朔傳》第 2858 頁，北京：中華書局，1962 年。

〔註38〕 《鹽鐵論・刺權》，王利器：《鹽鐵論校注》第 121 頁，北京：中華書局，1992 年。

憂慮，如漢成帝就曾下詔說：「公卿列侯，親屬近臣，多蓄奴婢，被服綺縠」，「其申敕有司以漸禁之」！但「上為淫侈如此，而欲使民獨不奢侈失農，事之難者也」〔註39〕，統治階層的自身不正，奢侈有加，只能越禁反越蔓延，致使「吏民慕傚，浸以成俗」。

　　在奢侈風習的薰染下，西漢貴族富人的奢侈性消費增加，由此導致的社會問題極為嚴重，是《鹽鐵論》奢、儉之爭的直接誘因，《鹽鐵論》其它經濟倫理思想也與之有直接或間接的關聯。其一，王侯公卿、豪強地主為追求奢侈的生活方式，滿足其奢侈性消費的需求，競相聚斂財富，從而加重對農民的剝削，由此引發的土地兼併之風日甚，社會階級矛盾日趨尖銳。《鹽鐵論》貧富之爭的重要內容就是關於兼併與反兼併之爭，顯然與這一背景有關。其二，受奢侈風氣的影響，下層社會一部分人也不免染上剝削階級好逸惡勞、貪圖享受的習氣，這自然會給以農為業、勤勞節儉的傳統美德和風俗以衝擊。在奢侈生活的薰染下，當時社會習俗的主流變為背本趨末、貪圖享受，且拜金風尚盛行，致使凡事以利為重的功利主義風氣蔓延，社會風氣因此而敗壞。這就使得義利論成為鹽鐵會議雙方爭論的焦點，成為其經濟倫理思想的核心問題。其三，封建社會以農立國，農業是整個國計民生的主要支柱，受奢侈性消費和從事工商能獲取更大利潤的誘惑，再加上農業所獲甚少，稍遇天災人禍，難免流離失所，為生活計，許多農民或棄農經商，或走上「遊食」之路，或從事某些奢侈品的生產以獲取更大的利潤。豪富也大多將財富用於了奢侈性消費，遂使農業生產處於萎縮狀態。這種「本末倒置」的現狀非常不利於封建統治的維護，本末論自然成為《鹽鐵論》經濟倫理思想的重點，而且本末論必然與貧富論相關聯。其四，奢侈風習導致了官場的腐敗和吏治黑暗。微薄的俸祿無法滿足官吏奢侈生活和奢侈性消費的需要。為獲得財富，官員經商、以權謀私、賄賂成風、貪污公行，致使西漢官場腐敗至極。愈至西漢後期，這些現象愈是嚴重。這是賢良、文學反鹽鐵官營的主要理由，也是大夫、御史為鹽鐵官營辯護的主要硬傷。

三、賢良文學與大夫御史的奢、儉之爭

1、賢良文學的「反奢崇儉」思想

　　在奢與儉問題上，賢良、文學主張「反奢崇儉」，其思想之源主要是儒家

〔註39〕《漢書・東方朔傳》第2858頁，北京：中華書局，1962年。

的消費倫理思想，但不僅限於此，「文學曰：『古者采椽不斲，茅茨不翦，衣布褐，飯土䥯，鑄金爲鉏，埏埴爲器，工不造奇巧，世不寶不可衣食之物，各安其居，樂其俗，甘其食，便其器。是以遠方之物不交，而昆山之玉不至。」〔註40〕「采椽不斫」，本於韓非所言：「堯之王天下也，茅茨不翦，采椽不斲，糲粢之食，藜藿之羹，冬日麑裘，夏日葛衣，雖監門之服養，不虧於此矣。」〔註41〕「安其居，樂其俗」本於《老子》「雖有舟輿，無所乘之；雖有甲兵，無所陳之。使人復結繩而用之。甘其食，美其服，安其居，樂其俗，鄰國相望，雞犬之聲相聞，民至老死，不相往來。」〔註42〕可見，作爲儒家的賢良、文學，其「反奢崇儉」的思想來源是多元的。

賢良、文學反對奢侈的重要原因是奢侈行爲會衝擊「本業」的發展。賢良、文學引用孟子的話：「不違農時，穀不可勝食。蠶麻以時，布帛不可勝衣也。斧斤以時，材木不可勝用。田漁以時，魚肉不可勝食」，後又指出「若則飾宮室，增臺樹，梓匠斲巨爲小，以圓爲方，上成雲氣，下成山林，則材木不足用也。男子去本爲末，雕文刻鏤，以象禽獸，窮物究變，則穀不足食也。婦女飾微治細，以成文章，極伎盡巧，則絲布不足衣也。庖宰烹殺胎卵，煎炙齊和，窮極五味，則魚肉不足食也。當今世，非患禽獸不損，材木不勝，患僭侈之無窮也；非患無旃罽橘柚，患無狹廬糟糠也。」〔註43〕賢良、文學反對奢侈根本目的是爲了抨擊大夫、御史等政府官員的奢侈。在《鹽鐵論》很多篇中都談到這個問題，其中專門談這個問題的集中在《散不足》篇。所謂「散不足」，就是社會財富分散浪費在各個方面的奢侈生活中，造成社會上許多平民百姓連基本生活都滿足不了。賢良、文學列舉了多條「散不足」的表現：吃的方面：古時候，糧食、蔬菜、水果要成熟時才吃，鳥、獸、魚、鱉要長大時才去捕捉。現在的有錢人不管這些，只要能捕捉到手，採摘到手，什麼都吃。住的方面：古時候，住房只要能躲避風雨、抵禦寒冷就行了，現在富人的房子雕梁畫棟，牆上刷得雪白。穿的方面：古時候七十歲以上的老人才穿絲綢衣服，其餘的人只穿麻布。現在富人不論年齡大小都穿著刺繡的

〔註40〕 《鹽鐵論·通有》，王利器：《鹽鐵論校注（定本）》第 42～43 頁，北京：中華書局，1992 年。
〔註41〕 《韓非子·五蠹》。
〔註42〕 《老子·八十章》。
〔註43〕 《鹽鐵論·通有》，王利器：《鹽鐵論校注（定本）》第 43～44 頁，北京：中華書局，1992 年。

絲綢,平常人家也穿著過去的皇后、妃子們的衣服。行的方面:古時候,一般車子用竹木製成,也不加修飾,現在富人的車蓋上用金銀玉石裝飾,安著登車把手,用熟皮革包裹車軾。用的方面:古時候,床沿沒有橫木,床上也沒有放食物的桌案。現在,有錢人的床上掛著絲綢帳子,床前有油漆繪畫的屏風。古時候,普通人家用器具只是一些竹、柳、陶器和葫蘆瓢而已,現在富人用銀口黃耳的杯、盤。娛樂方面:古時候,音樂只是敲敲土塊,打打木頭、石頭。現在有錢人家遇到喜慶,鐘鼓齊鳴,琴瑟並彈。婚嫁方面:舜、禹以來,結婚的服裝外面穿布的,裏面穿絲的,頭上帶骨製的簪子、象牙耳環。現在有錢的人結婚,穿貂皮衣服,帶珠玉頭飾。喪葬方面:古時候,棺木只要能收藏屍體就行了,陪葬的東西也很少,埋葬以後也不堆墳。現在有錢人家,不但做了內棺,而且做了外槨,陪葬的東西也多了,墳墓堆得像一座小山。

在賢良、文學看來,大夫、御史等政府官員的奢侈作風是整個社會風氣變壞的根本原因,不可不察。賢良、文學說:「今世俗壞而競於淫靡,女極纖微,工極技巧,雕素樸而尚珍怪,鑽山石而求金銀,沒深淵求珠璣,設機陷求犀象,張網羅求翡翠,求蠻、貊之物以眩中國,徙卬、筰之貨,致之東海,交萬里之財,曠日費功,無益於用。是以褐衣匹婦,勞罷力屈,而衣食不足也」。〔註44〕所以皇上應該禁止追求財利,節省各種不必要的費用。禁止追求財利的事情,人們就會努力從事農業生產,不必要的費用就節省了,百姓就會富足。賢良、文學還指出官員的奢侈正是老百姓的貧困之因。不是患禽獸過剩,而是患窮奢極欲;不是患沒有毛毯橘柚,而是患連陋室都沒有住糟糠都沒有吃;同一社會裏,有人過著荒淫無度的生活,有人最基本的生活資料都無法獲得。這的確是反對奢侈最堅實的理由。

反對官員奢侈作風必然要反鹽鐵官營。賢良、文學認為政府官員有關鹽鐵官營的考慮雖然長遠,但權勢者卻很容易取得了私利。自從設置興利的官吏,鹽鐵、均輸、酒榷三大事業興起,權勢者階層就利用手中權力擾亂公法,謀取私利。那麼如何防奢治侈呢?賢良、文學認為皇上應該節省各種不必要的費用,「故王者禁溢利,節漏費。溢利禁則反本,漏費節則民用給。是以生

〔註44〕《鹽鐵論・通有》,王利器:《鹽鐵論校注(定本)》第 42 頁,北京:中華書局,1992 年。

無乏資，死無轉尸也。」〔註45〕根本措施則是「防淫佚之原，廣道德之端，抑末利而開仁義，毋示以利，就後教化可興，而風俗可移也」，遺憾的是「今郡國有鹽、鐵、酒榷、均輸，與民爭利，散敦厚之樸，成貪鄙之化。是以百姓就本者寡，趨末者眾。夫文繁則質衰，末盛則本虧。末修則民淫，本修則民愨，民愨則財用足，民侈則饑寒生」，所以他們呼籲：「願罷鹽、鐵、酒榷、均輸，所以進本退末，廣利農業，便也。」〔註46〕「淫佚之原」即放縱享樂的根源。「防淫佚之原」就是要抑制人們的耳、目、口腹、聲色、犬馬等方面的欲望。由於工商業生產和銷售各種奢侈品，因此抑制人們的欲望就必須抑制工商業「末業」，特別是鹽鐵國營、酒類專賣、平準、均輸等官辦工商業的發展。因為國營工商業一方面與民爭利，一方面又引誘人們去追求「末利」工商業利益。為抑制工商業的發展，就應將廣大農民長年固定在土地上，以使其受不到市場上各種商品的誘惑，這樣他們就會以有飯吃、有衣穿為滿足，而不會產生更高的消費欲望而奢侈了，從而可以促進農業生產的發展。

2、大夫御史的「節奢刺儉」思想

在奢與儉問題上，大夫、御史等主張「節奢刺儉」。其思想之源主要是管子的消費倫理思想，但不僅限於此。大夫、御史反駁賢良、文學「采椽不斲」之說時說：「古者，宮室有度，輿服以庸；采椽茅茨，非先王之制也。君子節奢刺儉，儉則固。昔孫叔敖相楚，妻不衣帛，馬不秣粟。孔子曰：『不可，大儉極下。』此《蟋蟀》所為作也。」然後又引用管子的話：「管子曰：『不飾公室，則材木不可勝用，不充庖廚，則禽獸不損其壽。無末利，則本業無所出，無黼黻，則女工不施。』」〔註47〕「輿服以庸」，《尚書·堯典》作「車服以庸」，可見大夫、御史是以以儒家經典駁儒家弟子，實際上也就是吸收了儒家的思想。不過這種吸收有一定程度的歪曲。大夫、御史所謂的「儉則固」是引用的孔子的語錄，孔子這句語錄原話是：「子曰：奢則不孫，儉則固。與其不孫也，寧固。」〔註48〕其意思是：奢就不謙遜，可能越禮，而儉就嫌固

〔註45〕《鹽鐵論·通有》，王利器：《鹽鐵論校注（定本）》第43頁，北京：中華書局，1992年。
〔註46〕《鹽鐵論·本議》，王利器：《鹽鐵論校注（定本）》第1頁，北京：中華書局，1992年。
〔註47〕《鹽鐵論·通有》，王利器：《鹽鐵論校注（定本）》第43頁，北京：中華書局，1992年。
〔註48〕《論語·述而》。

陋。兩樣都違禮，但比起來，與其違禮，就不如固陋的好。大夫、御史將這個完整的意思割裂開來，只說「儉則固」，是扭曲了原意。

　　所謂節奢也就是反對奢侈，可是大夫、御史並未說明如何反對，其強調的重點反而是對「刺儉」，提出君子反對奢侈，也反對過於儉樸，過於儉樸就是簡陋的觀點。他先引用孔子的話說，太儉樸就是簡陋了。接著引用《管子》的話來說明鼓勵消費的必要性，「故工商梓匠，邦國之用，器械之備也」。〔註49〕此言實際指出了消費對生產發展的積極性。大夫、御史還從生產的目的進一步肯定消費的作用，「農商交易，以利本末。山居澤處，蓬蒿墝埆，財物流通，有以均之。是以多者不獨衍，少者不獨饉。若各居其處，食其食，則是橘柚不鬻，胊鹵之鹽不出，旃罽不市，而吳、唐之材不用也。」〔註50〕大夫、御史這段話並不意味他們認為越奢侈越好，而是強調要發展農、工、商業，要搞活商品流通，這樣各個地區之間，各類職業人群之間的各種需要都可以得到滿足。不過在「刺儉」後就大談消費的好處，自然使大夫、御史的言論顯示出「崇奢」的特徵，至少可以認定大夫、御史是推崇一定程度的奢侈。事實上，大夫、御史的確在言論和行動常炫耀自己的奢侈生活。大夫對自己既有的富貴生活很是陶醉，聲稱自己是「車馬衣服之用，妻子僕養之費，量入為出，儉節以居之，奉祿賞賜，一二籌策之，積浸以致富成業」。〔註51〕

3、賢良文學與大夫御史奢、儉之爭的評價

　　從辯論的角度看，在上述雙方的爭論中，可以說各有勝負。賢良、文學在談及生產發展這類問題時，往往缺乏必要的經濟學方面的知識，不佔優勢。如，「禁溢利」，「節漏費」的確是防奢治侈的良策。然而不是基本生活需要的東西就是「溢利」，遠方運貨來或向遠方運貨去就是「漏費」；不講究「纖微」和「技巧」，也就不會有手工業的發達和技藝的進步；不交無方之物，就只能閉關鎖國，永遠滯後。可以想像，如果按賢良、文學的主張治國，人民的基本生活水平無法提高。上層的奢侈的確是材木、糧食、絲布、魚肉之所以不足的重要原因。但從經濟倫理學而言，產業發展，是不可以責難的。賢良、

〔註49〕　《鹽鐵論·通有》，王利器：《鹽鐵論校注（定本）》第 43 頁，北京：中華書局，1992 年。

〔註50〕　《鹽鐵論·通有》，王利器：《鹽鐵論校注（定本）》第 43 頁，北京：中華書局，1992 年。

〔註51〕　《鹽鐵論·貧富》，王利器：《鹽鐵論校注（定本）》第 219～220 頁，北京：中華書局，1992 年。

文學不能因此而怪罪於產業之分工以及商業之發展。倘如賢良、文學所言，建築業不可發展，裝修業不可發展，紡織刺繡業不可發展，烹飪業亦不可發展，如何談得上社會之進步？可見，賢良、文學「反奢崇儉」的思想沒有錯，但論證的方法，得出的結論有失於片面。但是談論實際，賢良、文學也不乏真知灼見，尤其是他們在《散不足》〔註52〕篇中，歷數社會奢侈逾度的情形，不但為後世留下了寶貴的研究資料，而且，即使就在當時，也是反對奢侈不容置辯的證據。大夫、御史的「節奢刺儉」消費思想的確有為本階級驕奢淫逸的生活作辯護的一面，但是這種消費思想也存在一定的合理性：一定程度的侈靡在某種條件下有利於緩和國內矛盾，有利於商品經濟的發展。因為隨著社會的進步，部分地區經濟發展起來，商人資本有了較充裕的活動空間，商人自然迫切需要有足夠大的市場消化生產出來的商品，從而繼續擴大再生產。所以當傳統消費觀已不適應當時某些發達地區的生產力時，批評不合時宜的「儉」，為「奢」正名就應運而生。當然，侈靡論的消極影響也是顯而易見的：奢侈消費不僅加快資源的消耗，破壞生態平衡；而且使人們價值目標錯位，使人們容易沉浸於物質享受而難以自拔。因此，如果說「節奢刺儉」在特定時期有其合理性的話，那麼崇奢的消費觀就是一種消極性大於積極性的消費觀。

〔註52〕王利器：《鹽鐵論校注（定本）》第 348～356 頁，北京：中華書局，1992 年。

第七章 《鹽鐵論》經濟倫理思想的總結與評價

　　《鹽鐵論》涉及到漢王朝政治、經濟、社會、外交、學術的方方面面。它不但是對漢武帝一生功過是非，也是對西漢王朝建立後一百二十多年歷史的總結。大夫、御史與賢良、文學雙方的出身決定了這是一場深刻的朝野對話。當時朝廷的政治鬥爭背景，決定了民間的意見得以充分發表。會議召開時，儒學還沒有取得至高無上、不容質疑的正統學術地位，所以會議沒有後世的思想禁區，還有百家爭鳴的遺風。在封建專制時代，這種朝野對話實不多見，以今天的眼光看，在某種程度上，鹽鐵會議具有暢所欲言的民主氛圍。以上特殊的歷史情況，決定了鹽鐵會議的爭論必然是民主的、高水平的、充分的、異常激烈的，看問題是多角度的。《鹽鐵論》作為鹽鐵會議的紀要而非記錄，經桓寬的如花妙筆，以文學形式生動地再現了當時激烈的思想碰撞，給後人留下寶貴的思想遺產。這種思想遺產對中國 2000 多年的經濟倫理思想產生了深刻影響，對現代經濟倫理學的發展也不乏啓示意義。

一、《鹽鐵論》經濟倫理思想的理性總結

　　鹽鐵會議的主題是問「民所疾苦，議罷鹽鐵榷酤」，即討論是否繼續執行漢武帝時期所實行的鹽鐵專賣政策。實際上，這是對西漢建國以來的經濟政策，主要是重本抑末政策進行重新審議與檢討。鹽鐵會議上，雙方對漢初以來的經濟政策各執一詞：繼承儒家思想的賢良、文學擁護漢初休養生息、自由放任、重農通商的經濟政策；具有法家思想傾向的桑弘羊是漢武帝時期經

濟政策的主要制定人與執行者，自然堅持漢武帝時期加強政府干預、發展官營工商業的經濟政策。兩派唇槍舌劍，互有短長。

1、義利論的頡頏及推進發展

　　大夫、御史與賢良、文學的義利觀基本上可視爲先秦儒、法義利觀的繼承。《鹽鐵論》的第一篇《本議》是整個《鹽鐵論》的綱，代表儒家思想的賢良、文學一上來就說：「願罷鹽、鐵、酒榷、均輸，所以進本退末，廣利農業，便也」。〔註1〕賢良、文學強烈反對鹽鐵官營的理由，就是鹽鐵官營是「與民爭利」，其後果是散敦厚之樸，成貪鄙之化，因此必須「罷利官，一歸之於民」。賢良、文學還談到鹽鐵官營的弊端，如效率低下、百姓不便，其實也是老百姓利益受損的問題。從歷史事實看，賢良、文學有爲地方豪強爭利的一面，但從另一個方面來看，賢良、文學來自民間，有哀民、憂民、利民情懷，主張鹽鐵民營，直接受益者固然無疑是地方豪強，但普通百姓也可能會因此而間接受益。如效率提高，成本降低，產品適銷對路。而且從賢良、文學在鹽鐵會議上的一貫言辭來看，賢良、文學的「爭利」主要是爲間接受益者，即老百姓考慮的成分更多一些。

　　與傳統儒學義利觀不同之處在於，賢良、文學直接將利賦予了義的內涵，區別了兩種利；即民利和國利。利在民，則爲義；利在國家，則爲利；國家與民爭利，則爲不義；國家讓利與民，才符合義。義就是利，就是百姓之利。通觀《鹽鐵論》全篇，賢良、文學始終高舉著「重義」的大旗，喊著「民利」的口號，佔據著道德制高點。賢良、文學這種「以利爲義」的觀點，既與傳統儒家道義論的義利觀有所不同，又與傳統法家的「重利輕義」的義利觀不同。法家所爭之利是君王之利，而不是百姓之利。賢良、文學的義利觀，可以稱之爲「重義賤利」，從表面上來看，此說甚至比「重義輕利」更加輕視「利」的作用。但如果將利賦予了義的內涵後，它又比「重義輕利」更加重視「利」的作用。可見賢良、文學雖然繼承的是傳統儒家的重義輕利觀，但其義利觀的功利色彩確非其先輩可比。

　　相對而言，大夫、御史從統治階級和國家利益出發，比較注重利益，顯得更務實，其義利觀的功利特性就更加突出。因爲政府的用度、軍費開支都是實實在在的事，而且隨著國家邊界的拓展，軍備開支越來越大。因而在義

〔註1〕《鹽鐵論·本議》，王利器：《鹽鐵論校注（定本）》第1頁。北京：中華書局，1992年。

利觀上，大夫、御史沒有反對義，更不反對利。在他們看來，正當的牟利不僅不是壞事，而是好事。他們雖然沒有提出亞當・斯密「看不見的手」的說法，但有完全類似的觀點，認爲正是利益的驅使，才讓商賈南來北往，各地互通有無，各種需要得以滿足，城市得以繁榮。但是作爲法家義利思想的傳承者的大夫、御史，他首先和主要考慮的是國家之利，視國家的利益爲最大之利。因爲國家要靠經濟支持，特別是備戰匈奴更需要大量人力、物力、財力。當然官僚統治階級的大量經濟開支也離不開這些利。在大夫、御史看來，這些利既是必不可少的，也是正正當當的。他所做的就是千方百計地爲國家謀取利益，這種利益甚至是至高無上的，是大義，因爲「無憂邊之心，於其義未便也」〔註2〕。總之，論辯一方強調個體之利，一方強調整體之利，雖然如本文前已經論述，二者均有諸多不足。但雙方的論爭實際上標誌了封建主義功利觀業已形成。

《鹽鐵論》確立的封建功利主義義利觀對後世學者的功利觀產生了重要影響。在唐代，傳統的「義利觀」被賦予了新的時代內容，如陸贄主張「以義爲本，以利爲末」〔註3〕，又提出「同利」與「專利」相異。宋元明清時代，公開「言利」的論點不斷湧現。如李覯公然講：「人非利不生，曷爲不可言？」李覯同樣反對專利，要求政府「弛其禁，達其利。」〔註4〕即反對政府強化官營禁榷制度，認爲只有這樣才能使百姓得利。這樣的論點在宋人中逐漸多了起來，如歐陽修提出：「利不可專，欲專而反損」，要求「與商賈共利」〔註5〕。蘇軾進一步指出：「與商賈爭利，豈理也哉？」〔註6〕提倡「農末皆利」，這就把反對與民爭利的思想發展到明確反對與商賈爭利的階段，標誌著商品經濟的發展促進了經濟倫理的更新。王安石提出利應「歸之公上」〔註7〕，他說：「學者不能推明先王法意，更以爲人主不當與民爭利，今欲理財，則當修泉府之法，以收利權。」〔註8〕他強調「理財乃所謂義也」，「爲天下理財，不爲

〔註2〕 《鹽鐵論・本議》，王利器：《鹽鐵論校注（定本）》第2頁，北京：中華書局，1992年。
〔註3〕 《陸宣公奏議》卷四。
〔註4〕 《李覯集》卷二十二。
〔註5〕 《歐陽修全集・居士集》卷四十五。
〔註6〕 《蘇東坡全集・後集》卷十。
〔註7〕 《臨川先生文集》卷七十。
〔註8〕 《皇朝編年綱目備要》卷十八。

徵利。」〔註9〕明清時代的「義利觀」在宋人的基礎上又進一步發展。在中國經濟思想史上有著重要地位的思想家丘濬說:「利之爲利,居義之下、害之上」,還說:「以人君而與商賈爭利,可醜之甚也。」〔註10〕強調的是義利的轉化關係並發展了反對與商賈爭利的思想。大思想家黃宗羲則主張「不以一己之利爲利,而使天下受其利。」〔註11〕要求用經濟倫理來約束君王,按人性滿足民利。明王夫之則提出「義或有不利」,「義者,正以利所行者也。」〔註12〕顏元更是徹底,他直接將董仲舒之言改爲:「正其誼以謀其利,明其道而計其功。」。這些思想家的義利觀也許並沒有受《鹽鐵論》所形成的功利觀的直接影響,但他們的「義利觀」不僅在論點內容上,而且在思維邏輯上都顯示出對它繼承性。

2、本末論的論辯及理性成果

大夫、御史與賢良、文學在鹽鐵會議上對本末問題進行了深刻的論戰與理論探討,將中國古代的本末之辨發展到一個新的階段,即與國家的宏觀調控、經濟決策相結合的發展階段,在凸顯本末理論內涵的同時強化了它們的經濟實踐價值和實際作用。

賢良、文學主要是從義的角度談本末,其核心是貶商,但是賢良、文學並不是不要末業及末利,只是主張末利歸民,反對官營工商業政策。賢良、文學認爲天子富有四海,毋須畜積聚財,政府經營工商業,取利於民,使百姓困乏,無異於殺雞取卵,因而反對政府與民爭利。而以鹽鐵、酒榷、均輸等手段來增加財政收入,就是國家與民爭利之舉。所以要求廢除官營工商業,允許民間自由經營,末利歸於民。在儒家眼裏,仁義道德對於治國安民來說才是根本,儘管國計民生固然重要。所以賢良、文學論及本末時融會了經濟與道德的雙重因素,而且以仁義爲本來評判國家經濟政策的得失,「故天子不言多少,諸侯不言利害,大夫不言得喪。畜仁義以風之,廣德行以懷之」。〔註13〕從經濟上講,農業是本,工商是末;就道德與經濟,亦即義與利的關係而言,義是本,利是末。國家經營工商業是棄農經商,就是捨義求利,自然遭

〔註 9〕 《臨川先生文集》卷七十三。
〔註 10〕 《大學衍義補·制國用》。
〔註 11〕 《明夷待訪錄·原君》。
〔註 12〕 《四書訓義》卷八。
〔註 13〕 《鹽鐵論·本義》,王利器:《鹽鐵論校注(定本)》第 2 頁,北京:中華書局,1992 年。

到賢良、文學的反對。同時，仁義為本體現在經濟上，就是要求實行富民政策，賢良、文學當然不贊成與民爭利的官營工商業，而主張重農通商，藏富於民。加之以儒家非戰、節用與惠民的眼光來看，漢武帝時期「兵連而不解」，實在是「財賄衰耗而不贍」，違背了富國安民的宗旨，而為之興利聚財的官營工商業則更不可取。可見，賢良、文學的本末論實際是其重義輕利，貴民的義利觀的另一種表達。賢良、文學主張務本抑官末、反對官營工商業的態度，反映了先秦儒家強調仁義，注重富民的思想，實際上堅持的是一種倫理規則支配經濟思想的道德經濟。

大夫、御史則從重利的角度談本末，其核心是揚商。桑弘羊承認農業是本，商業是末。但從重利的角度又強調商業易於致富，才是富國之本，所以應該「農商交易，以利本末」，「財物流通，有以均之」。在桑弘羊看來，在經濟上國家要以富為本，求富之道要以利為先，不必唯農是重，「治家非一寶，富國非一道」〔註14〕，「富國何必用本農？足民何必井田也？」〔註15〕桑弘羊認為致富不在「勞身」、「力耕」、而在「術數」、「勢居」，主張運用商人的治生之學與致富之道來富國發家。御史也發言支持桑弘羊的觀點，贊成以商富國。桑弘羊以商致富的主張，反映了他的重商傾向，他所推行與實施的經濟政策也大多具有重商的色彩。關於鹽鐵專賣與均輸平準政策，亦即官營工商業的問題。桑弘羊為之辯護的理由主要有三條：一是增加收入，滿足國用。御史亦持此論，都認為官營工商業政策的實施，增加了收入，滿足了國用。否則，漢武帝的「外平四夷」必將半途而廢。二是抑制豪民，鞏固君權。山海之利本是人主所有，國家若不壟斷之則必定落入豪民之手。豪民以此上與人主分庭抗禮，下則奴役百姓，不利於富國安民，史有明鑒，不可重蹈覆轍。三是利國便民。認為政府經營工商業能夠流通貨物，保證商品質量，平抑物價，減輕勞役，使商賈無所牟利，而百姓有所便利，並且使百姓安心務農，而無飢寒之患。桑弘羊還明確指出，示民以利，鼓勵工商發展，與要不要禮義是兩回事，工商業發展並不等於不要禮義。可見，大夫、御史的本末論實際是其重利、忠君的義利觀的另一種表達。

〔註14〕 《鹽鐵論・力耕》，王利器：《鹽鐵論校注（定本）》第 28 頁，北京：中華書局，1992 年。

〔註15〕 《鹽鐵論・力耕》，王利器：《鹽鐵論校注（定本）》第 29 頁，北京：中華書局，1992 年。

3、貧富、儉奢問題的系統闡述

從賢良、文學與大夫、御史關於貧富的態度之爭可以看出，前者欣賞的是義榮的賢者，後者肯定的是勢榮的能者。賢者未必是能者，因為有安貧樂道的賢者；能者也未必是賢者，因為有為富不仁者。從經濟倫理學的角度看，無能的賢者不適合做經濟主體，不賢的能者是不道德的經濟主體，經濟活動的主體應是有能的賢者或賢的能者。大夫、御史所分析的富者雖是勤勞且致富有術者，但現實中的富者未必都是勞動者，未必都是依正當之術而致富者，而且即便是勞動致富者，致富有術者也未必是有情有義者，在當時尤其如此。因而大夫、御史「唯富」論的確有不問「是非」的缺陷。賢良、文學強調義榮，但並不否定勢榮，其看法無疑比大夫、御史的觀點更全面些。大夫、御史與賢良、文學儘管在貧、富問題上看法不同，對當時統治者的影響也有大有小，然而他們在理論上的成就與貢獻，卻遠遠超出他們所生活的那個時代，進而對後世思想界產生了極為深遠的影響。可以說他們的貧富論思想已成為我國古代經濟倫理思想的一個重要來源和不可或缺的組成部分，在我國古代的經濟思想領域內有著舉足輕重的作用。

在奢與儉問題上，賢良、文學的「反奢崇儉」的思想基本上可視為以孔孟儒家學說為準則的傳統的節儉消費觀的繼承。這種消費觀可謂是我國消費經濟倫理思想中處於主導地位、支配時間最長、影響範圍最廣的消費觀念。賢良、文學反對奢侈的重要原因則是認為奢侈行為會衝擊「本業」，即農業的發展；反對奢侈的根本目的則是為了抨擊大夫、御史等政府官員的奢侈。他們認為，社會風氣變壞的根本原因就是大夫、御史等政府官員的奢侈作風，而且奢侈作風會破壞生態，危害百姓的生存、發展。賢良、文學對如何防奢治侈也提出了一些主張，如政府節省各種非必要的開支，防淫佚之原，即抑制人們的聲色、犬馬等方面的欲望。賢良、文學「反奢崇儉」的消費觀與自給自足的自然經濟生產方式所體現的農耕文化相適應，賦予節儉以「禮義」的道德價值，容易積澱、演變成為整個民族的心靈深處難以割捨的「道德情結」，再加上歷經統治階級的強化和支持，在客觀上，已成為封建統治者用以教化人民，維護其政治統治和經濟剝削的「廉價」的思想工具。

大夫、御史等主張「節奢刺儉」。因為並未明確提出如何反對奢侈，大夫、御史主張的落腳點被認為是「刺儉」。他們反對過於儉樸的「刺儉」思想，是因為他們享受他們這個階級的生活方式，無法迎合窮酸賢良、文學的「反奢」

的要求。固然如此,「刺儉」思想還是含有合理的成分,並在實踐中體現了其頑強生命力。因為過分節儉就走向了吝嗇,吝嗇也是不可取的消費觀,「吝嗇的本質都表現為對人的基本生活需要的忽略與和過度限制,是一種有意壓抑正常生活需要的超理性經濟行為。」〔註16〕因為吝嗇必然還會產生閒置或浪費──本該用於消費的沒有消費或被錯誤地用於生產,這肯定是不經濟的。這也是「刺儉」思想能夠得到後來的西方學者回響的重要原因。如,曼德維爾的《蜜蜂的寓言》就假借蜜蜂之名對節儉進行批判;馬爾薩斯、霍布森則提出有效需求不足與儲蓄過度阻礙經濟發展,高消費促進繁榮的學說;20 世紀 30 年代世界經濟大蕭條後,經濟學家凱恩斯為了徹底治癒經濟大蕭條的頑症,開出了「消費不足」診條,以理直氣壯的口吻,用最猛烈、最嚴厲的語言批判節儉的消費習慣。我們國家在上世紀九十年代末啟動「擴大內需」的經濟政策,以抵禦亞洲金融危機的侵襲,避免經濟衰退,結果獲得了巨大成功。也可以說是「刺儉」思想在新時代的生命力的體現。但是大夫、御史在「刺儉」同時,口頭上極力宣示消費的積極作用,行動上豪華享受,顯示出「崇奢」的思想特徵。崇奢的消費觀導致人們追求享樂、追求刺激,傷害他人和社會,浪費資源,違反生態倫理原則,也不能成為現代的消費觀,總體而言。大夫、御史的「崇奢」言論,是不可取的。

此外,《鹽鐵論》還就德刑關係、集權與分權以及其他許多具體的經濟問題發表了一些具有真知灼見的看法,成為我國後世不斷汲取的經濟倫理思想府庫。

二、《鹽鐵論》經濟倫理思想的歷史地位

「理論在一個國家的實現程度,決定於理論滿足這個國家的需要的程度。」〔註17〕鹽鐵會議的召開,大夫、御史與賢良、文學能夠公開亮出自己的觀點,從根本上講,是當時的封建國家需要恰當的經濟倫理思想指導其發展,同時,當時封建國家經濟政治發展也需要經濟倫理思想的價值支撐和道義護衛。

1、兩種經濟倫理思想的精彩呈現

鹽鐵會議上的兩派所表述的經濟思想和經濟倫理思想,類似於現代西方

〔註16〕 萬俊人:《道德之維:現代經濟倫理導論》第 291 頁,廣州:廣東人民出版社,2000 年。

〔註17〕 《馬克思恩格斯全集》(第一卷) 第 462 頁,北京:人民出版社。

經濟學所言的經濟自由主義和國家干預主義，和現代西方倫理學所言的道義論倫理思想和功利論倫理思想。而經濟自由主義與國家干預主義，是經濟學說史上互爲消長的兩大思潮和發展主線。現代西方經濟學的發展，貫穿著這一主線。「大體上說，凱恩斯主義、新古典綜合派、新劍橋學派、新制度學派，屬於國家干預主義思潮。它們都認爲市場機制存在重大缺陷，主張運用國家政權的力量來調節國民經濟，彌補市場的不足。新自由主義、貨幣主義、供給學派、理性預期學派屬於經濟自由主義思潮。它們都主張放任市場機制去調節經濟，國家不應該干預或少干預經濟。」〔註 18〕現代西方倫理學在言及規範倫理學的主要派別時，認爲道義論和功利論是倫理思想史上兩種基本的派別，它們的論爭構成倫理思想史的重頭畫卷。美國著名倫理學家艾倫・格沃斯指出：「對規範倫理學中起決定作用的標準是什麼這一核心問題的回答，可以寬泛地分爲兩組，即義務論的和目的論的。這兩種理論之間的主要區別在於：目的論理論在回答這一核心問題時，訴諸於價值方面的考慮，而義務論理論則不訴諸於這種考慮。義務論理論在回答上述核心問題時所使用的全部規範道德概念，是那些其本身即是義務性的概念，而目的論理論卻堅決主張，上述問題的答案必須圍繞價值概念展開。」〔註 19〕格沃斯所講的義務論就是人們一般所言的道義論，目的論包含了利己主義、功利主義（狹義）、利他主義等，同廣義的功利主義無異。鹽鐵會議上的賢良文學派在辯論中持道義論的立場，而大夫御史派則持功利論的立場，他們在鹽鐵會議上的交鋒，本質上是道義論與功利論的交鋒，反映了兩種不同倫理價值觀和倫理思想之間的深刻衝突和彼此頡頏。

鹽鐵會議開場，賢良文學不問鹽鐵政策實行緣由，即從利義之別，本末之情請求罷免鹽鐵之政，指出：「竊聞治人之道，防淫佚之原，廣道德之端，抑末利而開仁義，毋示以利，然後教化可興，而風俗可移也。……願罷鹽、鐵、酒榷、均輸，所以進本退末，廣利農業，便也。」〔註 20〕這也是他們論戰的基本論調：貴義賤利，重本抑末，主張德治教化，把人民的富裕和生存

〔註 18〕 田崇勤、張傳開主編：《當代西方社會思潮述評》第 160 頁，南京：南京大學出版社，1992 年。

〔註 19〕 〔美〕艾倫・格沃斯等：《倫理學要義》第 83 頁，戴楊毅等譯，中國社會科學出版社，1991 年。

〔註 20〕 《鹽鐵論・本議》，王利器：《鹽鐵論校注（定本）》第 1 頁，北京：中華書局，1992 年。

看得比國家的富裕更為根本。而桑弘羊等為代表的大夫派則力陳鹽鐵政策是為邊防籌備費用，重利出於國家發展的需要：「匈奴背叛不臣，數為寇暴於邊鄙，備之則勞中國之士，不備則侵盜不止。先帝哀邊人之久患，苦為虜所係獲也，故修障塞，飭烽燧，屯戍以備之。邊用度不足，故興鹽、鐵，設酒榷，置均輸，蓄貨長財，以佐助邊費。今議者欲罷之，內空府庫之藏，外乏執備之用，使備塞乘城之士饑寒於邊，將何以贍之？罷之，不便也。」〔註21〕而賢良文學的對策竟然是：「故天子不言多少，諸侯不言利害，大夫不言得喪。畜仁義以風之，廣德行以懷之。是以近者親附而遠者悅服。故善克者不戰，善戰者不師，善師者不陣。修之於廟堂，而折衝還師。王者行仁政，無敵於天下，惡用費哉？」〔註22〕他們希望用道德教化來感化匈奴以及割據勢力，實在是迂腐。但他們對戰爭的排斥，卻也有其合理之處。「且數戰則民勞，久師則兵弊，此百姓所疾苦，而拘儒之所憂也。」確實表達了民心所向和歷史事實。

同桑弘羊認為國家危害在於豪族不同，文學賢良將疾苦矛盾直接指向權臣：「有司之慮遠，而權家之利近；令意所禁微，而僭奢之道著。自利害之設，三業之起，貴人之家，雲行於塗，轂擊於道，攘公法，申私利，跨山澤，擅官市，非特巨海魚鹽也；執國家之柄，以行海內，非特田常之勢、陪臣之權也。」同時指斥官僚的腐化奢侈：「威重於六卿，富累於陶、衛，輿服僭於王公，宮室溢於制度，并兼列宅，隔絕閭巷，閣道錯連，足以游觀，鑿池曲道，足以騁騖，臨淵釣魚，放犬走兔，隆豺鼎力，蹴鞠鬥雞，中山素女撫流徵於堂上，鳴鼓巴俞作於堂下，婦女被羅紈，婢妾曳絺紵，子孫連車列騎，田獵出入，畢弋捷健。」〔註23〕這兩點表示了民間對官商攫取鉅額利益的不滿，但是也說明不了鹽鐵政策何以應該私人經營。但是賢良文學指陳官辦壟斷經營下鹽鐵政策的弊端倒是為百姓說了實話。「鹽、鐵賈貴，百姓不便。貧民或木耕手耨，土耰淡食。鐵官賣器不售或頗賦與民。卒徒作不中呈，時命助之。發徵無限，更繇以均劇，故百姓疾苦之。」〔註24〕

〔註21〕同上，第 2 頁。

〔註22〕同上。

〔註23〕《鹽鐵論·刺權》，王利器：《鹽鐵論校注（定本）》第 121 頁，北京：中華書局，1992 年。

〔註24〕《鹽鐵論·水旱》，王利器：《鹽鐵論校注（定本）》第 430 頁，北京：中華書局，1992 年。

　　《鹽鐵論》的經濟倫理思想之爭在一定的程度上代表，或者反映著政治權力之爭。史學上一般認爲鹽鐵會議是霍光取得專政地位的重要步驟。霍光以大將軍輔政，這雖是漢武帝剝奪丞相權利，破壞丞相制度，設內朝以對抗和取代外朝的必然舉措，是漢武帝有意安排的，但有丞相和御史大夫存在，以大將軍爲首輔仍顯得名不正言不順。此時的丞相是田千秋，田千秋無甚才能術學，謙退不任事，自然不對霍光的地位構成威脅。但御史大夫桑弘羊出身於商人之家，精明幹練，從政幾十年，一值得到漢武帝的信任，按他的性格，他不僅要保持現有的地位，還要有所作爲，至少要把他正在做的事情繼續進行下去。這就不僅妨礙了霍光對國家統治政策的調整，而且直接與霍光的個人利益發生衝突。霍光發起鹽鐵會議，他本人卻並未露面，而讓深知利害關係因而「括囊不言」的田千秋觀陣，讓桑弘羊舌戰群儒。由於「丞相御史兩府之士」大都是儒生，是他們所處的地位使他們不得不違背自己的信仰去幫助自己的上司說話，所以他們的發言只能是一些無關痛癢的應景之論。所以，這次會議實際上是桑弘羊一人面對六十餘個對手的爭論。從會議紀要來看，他確實是被打敗了，但他主要不是在理論上被儒生們說服，而是在施政效果上無法否認這些政治措施帶來的嚴重的負面影響。他爲漢武帝背了黑鍋，成爲眾矢之的，成爲歷史上的悲劇性的人物。這由他的本性和信仰決定，也由當時的社會制度決定。而霍光最終擊敗了政治對手，達到了專政的目的。但取得專政地位的霍光並沒有，也不可能廢除鹽鐵專營。這是當時客觀情勢決定的。因爲漢代商人資本進步發展後大量購買土地，使「豪民地主」隨著土地私有制的發展不斷壯大勢力，至漢武帝已到了惡性膨脹的地步。這種經濟勢力是對統治階級政權的最大威脅，而一個以政治爲主導的社會裏絕不允許出現新生的反對力量。所以從這個角度看，賢良、文學已成爲被霍光利用的工具。這說明，經濟倫理思想雖然最終是經濟現實與發展的反映，但其對現實與發展的反映往往是曲折的，我們不能將思想直接等同於事實。

2、重商主義倫理精神的系統闡發

　　胡寄窗先生在《中國經濟思想史》一書中指出：「桑弘羊是中國古代重商理論的倡議者。范蠡與白圭雖曾談到一些有價值的貿易經營力量，但還不是有意識地獨重商業，把商業看作是致富的主要根源。桑弘羊在社會政治思想上祖述法家，而在經濟思想上接受管子與范蠡白圭之說，並將其商業理論作

了進一步的發展。」〔註 25〕在鹽鐵會議上，以桑弘羊爲代表的大夫、御史派堅持漢武帝時期政府干預、重農抑私商的經濟政策；主張民農官商，以商富國；同時，從法家立場出發堅持官營工商業政策，強調末利歸於國家。在本末問題上大夫、御史承認農業是本，商業是末。同時，認爲商業易於致富，是富國之本。在大夫、御史看來，在經濟上國家以富爲本，求富之道應以利爲先，不必以農是問。他認爲經商可以富國足民，不必拘泥於農業，主張運用商人的治生之學與致富之道來富國發家；認爲致富不在「勞身」、「力耕」，而在「術數」、「勢居」。而反映儒家思想的賢良、文學則擁護漢初的休養生息、重農通商的經濟政策。強調農本商末，反對政府經營工商業與民爭利，主張末利在民。在本末問題上，賢良、文學則強調農本商末。他們認爲工商業雖易於發家致富，但不利於治國安民，因而工商業只能通有無，備器械，而非治國之本；從經濟上講，只有依賴農業的發展才能富國安民。可見，雙方爭論的實質不是要不要工商業，而是工商業由民間自由經營，還是由政府壟斷。大夫、御史在和賢良、文學辯論的過程，從裏到外都透著濃重的重商氣味，因而人們有充分的理由把大夫、御史的思想稱爲重商主義的思想。但反對鹽鐵官營，鼓吹讓私人的商業生產活動有更多的自由發展空間的賢良、文學，其思想豈不也有濃厚的重商色彩？

我們不妨將大夫、御史與賢良、文學的重商思想和重農思想同西方近代資本主義崛起，資本主義古典經濟學形成時期的重農、重商思想進行對比，可以發現它們之間實在有太多的類似。重商主義（Mercantilism）是西歐封建制度向資本主義制度過渡時期（資本原始積累時期），即在 15～18 世紀初受到普遍推崇的一種經濟哲學。重商主義拋棄了西歐封建社會經院哲學的教義和倫理規範，開始用世俗的眼光，依據商業資本家的經驗去觀察和說明社會經濟現象。它以商業資本的運動作爲考察對象，從流通領域研究了貨幣——商品——貨幣的運動。重商主義主要的重商觀點是：財富的性質是金銀；財富的來源是流通；多賣少買，保持貿易順差；生產是創造財富的前提；國家干預經濟活動，是保障財富增長的重要手段。重商主義者尤其強調國家干涉經濟，「國家必須管制國民經濟活動。不僅管理貿易和生產，甚至瑣碎事務，國家都有法律規定。」〔註 26〕

〔註 25〕 胡寄窗：《中國經濟思想史》（中）第 77 頁，上海：上海人民出版社，1963 年。
〔註 26〕 朱彤書主編：《近代西方經濟理論發展史》第 10～12 頁，上海：華東師範大學，1989 年。

重農學派是十八世紀 50～70 年代的法國資產階級古典政治經濟學學派。重農主義者認為，和物質世界一樣，人類社會中存在著不以人們意志為轉移的客觀規律，這就是自然秩序。自然秩序是永恆的、理想的、至善的。但社會的自然秩序不同於物質世界的規律，它沒有絕對的約束力，人們可以以自己的意志來接受或否定它，以建立社會的人為秩序。重農主義者認為如果人們認識自然秩序並按其準則來制定人為秩序，這個社會就處於健康狀態；反之，如果人為秩序違背了自然秩序，社會就處於疾病狀態。重農主義者認為財富是物質產品，財富的來源不是流通而是生產，農業生產才是財富的真正源泉，土地之所以是財富，只因為土地生產物是滿足人類的需要所必要的，使這種財富成為財富的根源，實質就是需要。因此在有肥沃土地的王國，則人口愈多，它的財富也愈多。為此他們堅決反對重商主義金銀即財富的觀點，「決定國家財富的多少的並不是貨幣財富的多少，而是決定於每年再生產的財富是否豐富」。〔註27〕反對重商主義國家干預經濟的政策，強調大自然是酷愛自由的，無須政府的人為干預，只要取消一切限制，在充分自由競爭的條件下，社會經濟本身就會自行趨於平衡和協調。

對比《鹽鐵論》所反映的重農與重商思想，可以發現其與西方近代資本主義崛起時期的重農、重商思想的確存在著驚人的相似。比如重商代表人物的桑弘羊，其思想基礎和西方的重商主義一樣，都是高度重視商業的作用，把商業提到一個很高的位置。甚至把經商致富和富國當作一回事情：「商賈之富，或累萬金，追利乘羨之所致也。富國何必用本農，足民何必井田也？」。〔註28〕桑弘羊和西方的重商主義一樣，都把貨幣本身當作財富，而且和西方的重商主義一樣，高度重視國家對經濟的控制和干預。再看桑弘羊的反對派，賢良、文學們的重農思想，可以發現其在基本的思想要點上，同西方的重農主義幾乎是如出一轍。首先，都特別重視農業的作用，土地的作用，認為農業是國家的根本，是財富的源泉，而商業從屬於農業，並不能真正創造財富，充其量只能轉移財富而已。其次，又都主張國家不應該對經濟進行干預，國家不應該與民爭利，工業生產和商業活動都應該讓私人來進行，國家的干預

〔註27〕 朱彤書主編：《近代西方經濟理論發展史》第 78～81 頁，上海：華東師範大學，1989 年。

〔註28〕 《鹽鐵論·力耕》，王利器：《鹽鐵論校注（定本）》第 29 頁，北京：中華書局，1992 年。

只會破壞平衡，降低經濟的效率。西方國家重農與重商思想爭論的結果是奠定了重商業主義傳統。我們據此也認為鹽鐵會議的本末之爭，形成了我國封建社會的重商主義倫理傳統。

鹽鐵會議形成的我國封建社會的重商主義倫理傳統對後世產生了深遠的影響。後來的人們越來越多地意識到商業的重要性。如東漢王符在提出「夫富民者以農桑為本，以遊業為末。百工者，以致用為本，以巧飾為末。商賈者以通貨為本，以鬻奇為末。三者守本離末則民富，離本守末則民貧。」〔註29〕這就是有名的「三本三末論」。這種「本末論」把商與農工，都看成是本，它們之中又同樣都有末，意在強調商業的意義，並抑制其不利的一面。這種思想，比重本抑末的思維慣勢更有積極意義。到了唐朝，商業愈益發達，商業給人們帶來了實實在在的利益，肯定商業積極作用的思想就更多了。如以道統自居的韓愈〔註30〕，就曾肯定工商的地位和作用。他認為聖人之道，「其法禮樂刑政，其民士農工賈。」「為之工，以瞻其器用，為之賈，以通其有無。」〔註31〕他讚揚海外貿易，「外國之貨日至，珠香象犀玳瑁奇物溢於中國，不可勝用。」〔註32〕宋代文學家歐陽修〔註33〕認為：「前世為法以抑豪商，不使過侵國利與為僭侈而已。至於通流貨財，雖三代至治，猶分四民，以相利養。」〔註34〕所謂「四民」，即士農工商，可見，歐陽修也不歧視商人，知道商人就算是「三代至治」，也不可或缺。身為改革家的王安石〔註35〕，更是高度重視商業在國民經濟中的地位，「一人之身而百工為之備，則宜有商賈以資之，故六曰商賈阜通貨賄。」強調如果沒有商賈的運作，則商品無法實現自身的價值，所以他認為：「貨化之以為利，商賈之事也」。〔註36〕他對於商業的社會作用，和在經濟活動中的意義有明確的表述。以上都是對商業的較為公正的看法。不過從這些看法也可以看出，論商，很少有人像桑弘羊那樣全面而深刻。

〔註29〕 《潛夫論・務本》。
〔註30〕 韓愈：（766～824 年），字退之，河陽人。著名文學家，以提倡古文運動而知名。歷仕德宗、順宗、憲宗、穆宗，官至吏部侍郎。
〔註31〕 韓愈：《昌黎先生集・原道》。
〔註32〕 韓愈：《昌黎先生集・送鄭尚書序》。
〔註33〕 歐陽修：（1007～1072 年），字永叔，吉水人。仁宗時曾任參知政事。
〔註34〕 歐陽修：《歐陽文忠公集・論茶法奏狀》。
〔註35〕 王安石：（1021～1086 年），江西臨川人，宋仁宗慶曆進士，歷任知縣，知州，知府，官至宰相。宋神宗即位，主持推行新政。
〔註36〕 王安石：《臨川集・周官新義》。

問題是賢良、文學卻口口聲聲農本商末，口口聲聲要縮小商業的作用；而竭力鼓吹商業重要性，認為商業活動本身創造財富的大夫、御史卻又偏偏竭力要推行商業國有化的政策，竭力要加強對私人商業活動的管理和控制。這豈不矛盾？本文認為出現這些似乎矛盾的觀點並非是偶然的，而是社會發展到一定的階段必然會產生的思想爭鳴的表現，而且這些似乎矛盾的觀點是有其內在的必然聯繫性。從邏輯上講，重商派推行對商業進行管理控制的政策，而重農派主張國家放棄對工商業的干預，主張經濟經濟放任自由的發展，都是理所當然的，甚至本該如此：正因為重商，所以才會強調對商業的管制，正因為重農，所以才主張經濟的自然發展，國家不與民爭利。當然，我國封建社會的重農思想與法國18世紀的重農主義有本質的不同。法國重農主義是早期資產階級的代表，它的重農，是強調資本主義農業的發展，中國封建社會的重農主義則是官僚地主經濟與小農經濟意識的表現。小農經濟意識的最大特點就是小富即安。官僚地主從總體上認識到他們的根本利益是保住政權，只要有了政權，就有了江山和子民，也就有了稅收與地租。如果鼓勵經商致富，就是自己製造奪權的新階級。同樣，中國的重商主義與西方的重商主義也有實質的差別。西方的重商主義主要表現為以國家政權的力量為商業的發展提供保障，如掃除地方封鎖，開拓海外殖民市場，政府則從中獲取利益。所以西方的重商主義可以說是一種「增商主義」，政府與商人實際上已經結成了利益的共同體。不像中國封建社會的重商主義，實際表現為賢良、大夫所指的「與民爭利」的「減商主義」。所以我國封建社會最終沒有發生西方國家所發生的大規模的資本主義商業革命。但是，這不等於我國沒有產生過重商主義的倫理傳統。它只是說明在我國既存在重商主義的倫理傳統，同時也存在濃厚的輕商、甚至是反商的倫理傳統。

3、封建主流經濟倫理思想在論辯中得以形成

張鴻翼在《儒家經濟倫理》一書中指出：「鹽鐵會議的召開以及《鹽鐵論》一書的形成，標誌著儒家文化包括其經濟倫理思想正統化、系統化過程的最終完成。從《鹽鐵論》中可以看出：第一，儒家思想的正統地位已經基本確立，賢良文學以及該書編者桓寬都把儒家經濟倫理思想作為判斷社會經濟政策是非善惡的理論依據和評價標準；第二，儒家對於先秦諸家別派思想的吸收和綜合基本完成。第三，儒家經濟倫理思想的理論體系及其基本思想內容都已形成和確定，漢以後儒家經濟倫理思想的發展基本上都是沿著漢代儒家

所確定的範圍和方向前進的。」〔註37〕我們認爲，這一判斷是符合歷史的眞實和中國倫理思想史的發展狀況的。儒家經濟倫理思想成爲封建主流經濟倫理思想，從根本上講，這是秦漢社會歷史發展的必然。西漢建立前，秦帝國從商鞅開始，到李斯，奉行的是法家理論，嚴刑峻法，用利害關係作爲調節人際關係的指揮棒。秦一統六國後，不但不與民休息，相繼發動了對匈奴、百越的長期戰爭，又大興土木，修長城、馳道、阿房宮，弄得「刑者相半於道，而死人日成積於市」。〔註38〕社會矛盾終於全面爆發。秦末群雄逐鹿，隨後楚漢相爭，到漢高祖遭遇的「白登之圍」，終於萬戶蕭條，國庫如洗。眞是「興，百姓苦；亡，百姓苦」。在總結秦亡的基礎上，漢初的統治者奉行「黃老之術」，採取「與民休息」的政策。經過六十多年的「無爲而治」，到漢武帝時期社會經濟得到恢復和發展，「有爲」的客觀條件已經成熟。「黃老之術」不再適用，秦亡的教訓又被總結爲「棄仁義，尚苛政」，於是，強調「德治」，講究「教化」的儒家倫理思想就自然成了官方哲學。因而，就有了「罷黜百家，獨尊儒術」，儒學開始了其統治中國意識形態 2000 年的歷史。

　　儒家在先秦是百家爭鳴中的一家，其思想在春秋戰國時代雖成「顯學」，但畢竟不是占統治地位的思想。儒家經濟倫理思想的提出著眼於整個社會生活的和諧，「儒家考察和分析社會經濟問題並不是從一己私利出發，他們上達天子、下通庶民，對國家宏觀經濟問題有較全面的瞭解，他們自不必說要維護地主階級的利益，但也十分強調兼顧其他階級、階層的利益，甚至，他們時常是站在宏觀經濟關係之上來探討和分析實現社會各階級利益均衡和階級關係、人際階級關係的和諧問題。……儒家提出的一整套經濟倫理規範，其基本要旨皆在於給社會各階級、各階層、各等級的人們的經濟行爲以道德之限定和制約。」〔註39〕這種限定和制約的目的是實現社會各階級利益的均衡從而保證社會安定和諧。儒家經濟倫理思想的超越性和優勢還在於「儒家在處理社會經濟問題上總是從『治本』入手來『治標』的，他們不像當權者那樣只是從眼前的利益出發，而總是從社會和國家的長遠利益出發，並主張通過從根本上調節社會經濟機制的運行來解決種種現實社會經濟問題。」〔註40〕

〔註37〕 張鴻翼：《儒家經濟倫理》第 77 頁，長沙：湖南教育出版社，1989 年。
〔註38〕 《史記・李斯列傳》第 2557 頁，北京：中華書局，1959 年。
〔註39〕 張鴻翼：《儒家經濟倫理》第 47～48 頁，長沙：湖南教育出版社，1989 年。
〔註40〕 張鴻翼：《儒家經濟倫理》第 54 頁，長沙：湖南教育出版社，1989 年。

儒家經濟倫理思想成爲我國封建社會經濟倫理思想的主流思想，不僅取決於它自身內涵的道德合理性，而且取決於現實社會的需要。我國封建社會自然經濟的經濟特質需要儒家經濟倫理思想的指導與價值支撐。

自然經濟此所以被稱爲自然經濟，其主要原因有二：一是它是以自然即以農業爲對象的經濟，是農業經濟；二是經濟生產的組織是以血緣家庭的自然組織爲形態的經濟，是家戶經濟。自然經濟有四大文化特徵：其一是經濟生活的自給自足造就人們文化心理結構、文化心態、情感生活，價值結構方面的自給自足，也形成了中國倫理精神的深層次結構，包括文化的宏觀精神結構與個體的微觀精神結構的自給自足。二是倫理性。在自然經濟中，家庭的倫理組織，不僅對於生產的組織，而且對生產的目的，都具有前提性的意義。其三是穩定性。農業生產的穩定性，使得作爲倫理的監督機制的社會輿論與傳統習俗對人們的行爲具有重要的監督作用。其四是和諧性。自然經濟不僅在經濟組織與生產目的方面，使倫理成爲必須，而且在這種生產方式中，如何爲人，如何處理人與人的關係，成爲人們的首要課題與安身立命的關鍵；另外，相對穩定的生活方式、生存環境、以及相對穩定的生活來源，也爲人們的倫理生活提供了可能，使得倫理不僅成爲人們行爲的價值取向，也成爲人們的一種重要的生活方式，對一部分人來說，尤其是士大夫階層，甚至成爲一種專門的生活方式。這一點在整個封建社會的不少儒生，包括鹽鐵會議上賢良、士大夫身上都有不同程度的體現。綜觀我國封建社會的經濟倫理思想，可以發現歷經幾代思想家的精心打造，自覺建構的儒家經濟倫理思想是對封建社會的現實反映最好，對封建統治的需要符合最多的一種經濟倫理思想。它成爲封建社會主流的經濟倫理思想可謂是一種必然，也是一種應該。

鹽鐵會議上賢良文學的經濟倫理思想是西漢中後期儒家經濟倫理思想的系統表述。賢良文學的經濟倫理思想主宗孔孟，而與西漢前期的儒家經濟倫理思想有所不同。西漢前期的儒家經濟倫理思想的主流是儒法合流，在學術淵源上屬於荀學系統；賢良文學的經濟倫理思想則對法家經濟倫理思想進行嚴厲的批判，顯示出儒法的對立，在學術淵源上屬於孟子之學的系統。鹽鐵會議以前是主張專制、集權的《公羊春秋》佔據思想思潮的統治地位，鹽鐵會議以後，隨著王朝統治政策的調整，儒家中主張仁義、王道、民本思想的孟子學派開始崛起，並逐漸在宣帝以後佔據了統治地位。儒學內部的這一嬗變在經學上則表現爲由崇法主變、奇險詭異的《公羊春秋》學向溫柔敦厚、

具有濃郁的宗法人倫溫馨的《穀梁春秋》學的轉變，由齊學向魯學的轉變。

三、《鹽鐵論》經濟倫理思想的現代啓示

「人們自己創造了自己的歷史，但是他們並不是隨心所欲的創造，並不是他們自己已選定的條件下創造，而是在直接碰到的、既定的、從過去繼承下來的條件下創造。一切已死的先輩傳統，像夢魘一樣糾纏著活人的頭腦。」〔註41〕大夫、御史與賢良、文學儘管在義利、本末、貧富、儉奢問題上看法不同，對當時統治者的影響也有大有小，然而他們在理論上的成就與貢獻，卻遠遠超出他們所生活的那個時代，進而對後世思想界產生了極爲深遠的影響。可以說他們的經濟倫理思想已成爲我國古代經濟倫理思想的一個重要來源和不可或缺的組成部分，在我國古代的經濟思想領域內有著舉足輕重的作用。揭示其思想的歷史認識價值，探討其思想的得失，對於今天我們處理一些現實問題，特別是處理諸如國家、集體和個人三者間的關係問題，樹立義利統一與義利並重的社會主義義利觀，建構國營與私營協調發展的倫理調節機制仍不乏現實的啓示。

1、建立義利統一的社會主義義利觀

「義」表示某一社會的倫理規範，即道德標準；「利」主要指人們的物質利益，即經濟價值尺度。鹽鐵會議以地方豪富和儒士的代言人賢良、文學爲一方，以代表中央皇權利益的大夫、御史爲一方，雙方爭論中貫穿始終的一個關乎全局的思想基調，則是雙方的義利之爭。賢良、文學從歷史事實的角度，更從道德人格修養的角度論重義輕利的必要性，另一方面，又強調君子不必刻意避財，只要以平和之心待財即可；大夫、御史則重利，主張自利，利國，利民的統一，認爲好執政者、好政策就應當滿足人民自利的人性需要。大夫、御史的義利觀揭示了物質利益的決定性作用。社會主義必須發展經濟，使人民逐步富裕起來，正是這一思想的現實體現。賢良、文學的義利觀主張義利兼顧，並不否定利的作用，但更重視義以及義對利的節制作用，其實質是強調個人在物質利益追求之外，還應當有高深的精神的追求，人不能僅滿足於自己的物質生存活動，還應當有道德理想和道德追求。這一點恰是現代市場經濟發展之必需。大夫、御史的義利觀實際上指出了利有大利和小利、

〔註41〕《馬克思恩格斯選集》第一卷第585頁，北京：人民出版社，1995年。

公利和私利之分，強調公利重於私利，社會整體利益重於個人利益；賢良、文學反對鹽鐵專營的重要原因在於官員可能藉此政策而傷農。這些思想對那種權力尋租行為、中飽私囊的行為無疑有一定的教育、警誡作用。所以我們認為《鹽鐵論》的義利觀雖有時代局限性，但其義利觀強調義與利的關係問題是經濟活動的核心問題，經濟活動必須以正確的義利觀為指導，這些思想對於認識建設義利並重的社會主義義利觀的必要性頗有啓迪。

首先，人類的經濟應該是義利統一的經濟。何謂經濟？西方主流經濟學認為經濟即人和社會在利用或不利用貨幣的情況下，使用稀缺資源在現在或將來生產各種商品，並把商品分配給社會的各個成員或集團以供消費之用的行為。馬克思主義則認為經濟即人類社會的物質生活資料的生產和交換的活動。可以看出，儘管人們關於經濟學的定義很多，但是其基本精神是相同的，即都同意經濟學是研究人的科學，對經濟本質的研究必須建立在對人的行為的正確分析的基礎上，只不過對人的認識及其方法，或研究人的目的有所不同。什麼是「倫理」？倫理即「人理」，人類追求物質財富滿足的本能衝動正是由於倫理的參與才由謀生上升為「經濟」。倫理的參與當然不唯為了消解人們對物質資料的謀取與需求，而是使這種謀取與需求合理化與最大化。可見，經濟本身具有倫理的意義，倫理也具有經濟的功能，道德不能成為反經濟的道德，經濟也不能成為反道德的經濟，義與利的統一是人類經濟實踐的一種必須的應該。

其次，義利統一是市場經濟發展的必然要求。市場經濟一詞，是在 19 世紀末逐漸流行起來的。當時，以馬歇爾、瓦爾拉、帕累托等人為代表的西方新古典學派，在重點研究了稀缺經濟資源如何有效配置這一經濟運行的根本問題之後，得出結論認為，在完全競爭條件下，商品經濟可以通過市場機制實現經濟資源的有效配置。從此以後，貨幣經濟或商品經濟就開始被通稱為市場經濟，對市場經濟的研究也被推進到一個新的階段。發展到今天，市場經濟的名詞，已廣泛出現於經濟學的各種文章中，普及到千家萬戶，婦幼皆知。作為人類資源配置的方式，市場經濟較計劃經濟具有廣泛的動力源泉，具有計劃經濟所沒有的創新發展的自由空間。所以市場經濟代替計劃經濟是歷史的必然，具有充分的道德合理性。當然，市場經濟不能完全排除全局、統一的計劃。這種計劃代表整體、長遠利益，好比山頂上看風景，具有縱觀全局的優點。但這種優點只有建立在市場經濟的各生產單位充滿生機活力的

基礎上，否則就會成為束縛生產力發展的官僚主義、教條主義的僵化桎梏。但是，一個良性發展的市場經濟必然具有以下基本條件：其一是明晰產權，包括界定和保護產權，這是市場經濟運行與發展的前提，也是政府最基本的職責。其二是經營自主性。政府不能直接干預企業的生產經濟營活動，必須遵循守法原則，即只有法律規定的才能做；企業、個人則遵循未禁原則，即法律沒禁止的都可以做，從而享有廣泛的自由發展空間。其三是經濟信用。只有建立信用，交換才能開展，合作才能發展，市場才能擴展；只有以信用為紐帶，各種生產要素才能有效投入到市場中來，龐大的市場體系才能形成。其四是競爭平等性。競爭，是市場經濟最重要的特點和巨大推動力。市場競爭必須是平等的，平等的市場競爭，需要有平等的社會環境和政治環境保障。政府管理要以保障、促進市場公平競爭為目的，而不能妨礙競爭。可見市場經濟的健康發展必然要建立在一定的道德要求基礎之上。

市場經濟的健康發展不但要求一定的道德基礎，而且離不開一定的道德引導與提升。因為其一，在市場經濟發展中，由於每個生產者的技術裝備水平和經營管理水平不一樣，從而生產條件和市場條件不同，即使在同一市場環境中，也必然有的盈利、發展；有的虧損、破產。這種利益分化推動著資源配置的優化，社會生產效率的提高。但是市場無情國有情，要通過建立社會保障體系與福利體系，保證人們的生活水平隨經濟發展水平的提高而提高。否則，分化造成貧的消費能力低，富的消費傾向低，必然導致生產過剩的危機，妨礙經濟發展。其二，市場經濟發展具有波動性。市場調節是事後的價格調節，反映的供求是局部的，調節的信號是模糊的，從而容易導致生產的盲目性和發展的波動性。政府宏觀戰略指導和調控，才能減小波動的幅度與浪費。其三，市場經濟的功能具有局限性。市場價格調節是目前的局部利益的調節，通常追求「短、平、快」，不一定符合社會長遠利益，如「穀」賤傷「農」導致農業資源破壞而難以恢復，市場自身也難以解決公共性、外部性、人的發展片面性等問題；市場競爭引起生產集中，必然造成壟斷，反過來妨礙競爭，引起資源配置失誤與經濟低效率；市場主體追求自身利益最大化，客觀上助長拜金主義、唯利是圖和不守信用的機會主義，甚至人格異化。這一切，都需要一種超然的公共力量——「法治政府」來解決，也需要道義力量的規範與引導。

再次，建設義利統一的義利觀更是社會主義市場經濟發展的客觀要求。

社會主義市場經濟是符合並有利於社會主義本質實現的市場經濟。社會主義的本質是解放生產力，發展生產力，消滅剝削，消除兩極分化，最終達到共同富裕。共同富裕是一個包含多層涵義的價值目標，既包括勞動者個人的富裕，也包含全體人民在內的集體富裕；既包含物質上的富裕，也包含精神上的富裕。其要處理的核心問題就是國富與民富的關係。社會主義本質必然要求確立與其相適應的義利統一的義利觀。唯如此，才能使社會主義道德在更深刻更廣泛的基礎上，更直接更有力地論證和維護社會主義經濟體制的正義性和合理性，更好地爲社會主義市場經濟服務。社會主義市場經濟是遵循、並實踐科學發展觀的市場經濟。偉大的祖國歷經了 20 世紀的風風雨雨，跨入了更加充滿希望和挑戰的 21 世紀。爲了中華民族在新世紀的全面復興，和平崛起，在市場經濟發展中就必須堅持以人爲本的科學發展觀。義利統一的義利觀就是以人爲本科學發展觀的重要內涵與必然要求。以生態環境平衡爲例，生態環境日益惡化是當今人類面臨的全球性問題之一。人類必須堅持義利統一的價值取向，以整體利益爲標準來判斷市場經濟行爲對自然環境的影響，反對和克服急功近利的價值取向或短期行爲，走可持續發展的道義道路。建設義利統一的社會主義義利觀還能夠爲市場經濟的發展提供一種巨大而持久的規範力與引導力。社會主義市場經濟的發展，極大地刺激了人們的利益意識，使得個人的積極性、主動性和創造性得到了前所未有的提高，社會主義物質文明也由此大大向前邁進了一步。但現實生活中利己主義、拜金主義、享樂主義等腐敗現象的泛濫也是不爭的事實。這種情況在《鹽鐵論》也可讀到。倡導義利統一的社會主義義利觀，有助於人們把視野投向社會，增強對社會、對人們的責任感，使其正確理解和接受集體主義原則，增強依法律己的意識，逐步提高全民族的整體素質。

《鹽鐵論》的義利觀對於如何促使義利統一的價值取向得到社會的普遍認同和實踐，並進而形成健康有序的社會經濟新秩序也頗有啓迪。鹽鐵會議上，大夫、御史與賢良、文學的義利觀雖各有其重義內涵或重義表現不同，但總體而言，都堅持「以義制利」的原則，這一原則正是建設義利統一的社會主義義利觀必須堅持的基本原則。因爲社會主義的義的基本含義就是維護社會公共利益的精神文明，即人的社會屬性中的倫理道德、思想覺悟等；利就是滿足個人生活需要的物質文明，即物質需要。物質文明依賴經濟發展，但發展經濟決不能僅僅依靠自然資源的配置、資金的投入、市場的運用等物

質手段，還必須靠堅定的信仰、共同的理想等精神動力來推動，必須靠高尚的操守、先進的道德等力量來規範，因為「不加強精神文明建設，物質文明的建設也要受破壞，走彎路」。〔註42〕

《鹽鐵論》的義利觀還啟示我們建設義利統一的社會主義義利觀必須以正確處理國家、集體、個人三者的利益關係為核心。在市場經濟條件下，既要保證國家、集體的公利又要以合法的形式兼顧個人的利益。這就要求把國家和人民利益放在首位而又充分尊重公民個體的合法利益，用集體主義、社會主義、共產主義道德原則節制人們的求利活動，限制利己主義的膨脹，倡導利他主義。當社會利益與個人利益發生衝突而需要犧牲個人利益時，必須有充分的理由，同時應把對個人利益的侵犯降到最低點，真正達到把國家利益放在首位，充分尊重公民個體的合法利益。

《鹽鐵論》的義利觀對於科學認識與處理公平與效率的關係更有特殊的啟示。關於公平與效率的關係，多數學者認為是對立統一的關係。統一性主要表現在：效率是實現公平的物質基礎，公平是實現效率的保證；公平與效率相輔相成，相互促進的正向運動，表明兩者能夠兼顧，不可偏廢。二者的矛盾性主要表現為二者之間存在此消彼長的關係：效率要求分配必須以市場信息為導向，而公平分配則以政府為主體；公平要求實現機會均等，然而在競爭中的優勝劣汰，會造成一部分企業和一部分勞動者失掉原來的工作機會；同時，公平要求遵循一定的分配原則，保持收入差距合理，但是實現按勞分配以及按生產要素分配必然導致收入差距的存在。但如何處理二者的關係，學術界一直存在爭論，形成了不同的觀點。第一種觀點主張效率優先。持這種觀點的人認為，應該堅持「效率優先論」，其理由依據主要是：公平與效率是相互矛盾的，政府必須在其中選擇，實現公平必然以犧牲一部分效率為代價；長期以來，我們在處理公平與效率的關係上，選擇了以公平優先的目標，結果導致經濟效率的普遍低下，社會性進步受阻；社會主義的根本任務是發展生產力，在收入分配的政策制定與實施過程中，應以促進社會生產力的發展和經濟效益的提高為主要目標；效率優先可以帶動公平，只有生產力發展了，社會財富極大豐富以後，才能達到共同富裕的目標。第二種觀點主張公平優先。持這種觀點的學者認為，應將公平作為優先考慮的政策目標，因為聽任市場信息機制發揮作用，必然產生兩極分化，因而主張通過政府的

〔註42〕《鄧小平文選》第 3 卷第 144 頁，北京：人民出版社，1993 年。

宏觀調控縮小收入分配的差距。因為，市場競爭中產生的收入差距過大的兩極分化是最不平等的。公平優先派批判效率優先派說，效率優先有可能損害和動搖社會合作與社會秩序穩定的基礎，因為公正才是保證社會穩定的基石；有可能削弱甚至犧牲社會共享的道義論基礎，從而使社會凝聚力減弱乃至喪失；有可能導致社會發展中的「社會達爾文主義」後果；還有可能導致社會生活的實利主義和消費主義〔註43〕。然而，效率優先論者也可以批判公平優先論存在一些危險：如，公平優先論有可能導致否定人的自由權，打擊生產者生產的積極性，從而使公平演變為平均主義。

　我們認為認識與處理效率與公平的關係需要從人生價值實現的高度進行，因為效率與公平雖然在事實上可能有一方被優先，但二者均須服從人生價值最大化的目的，就社會而言，公正不只是手段和條件，也是社會價值目標本身的構成部分；同樣，效率也不能看作是一種單純的社會性經濟目標，它同時也是實現社會整體目標的必要手段和條件，所以在價值上並不存在誰被優先的問題。綜觀《鹽鐵論》的義利之爭，可以發現賢良、文學強調的是公平，而大夫、御史強調的是效率，雙方論爭的理由與今天的效率優先與公平優先派也多有類似之處。但中國傳統儒家文化的「義」並不僅等於公平或正義，而是既指行為應該遵的原則，更指立人之道，所以公平的分配倒可能是不「義」的分配。因為公平的分配要成為「義」的分配還有一個前提性的問題，那就是什麼才是應該分配的。道理很簡單，公平地分配不應該分配的比不公平的分配可能更加不義。在《鹽鐵論》的義利之爭中，賢良、文學所謂的義，基本可視為傳統儒家「義」的承繼，所以其義利之爭已經高出今天人們所謂的公平與效率之爭，為我們審視與處理公平與效率的關係提供了一個新視角，那就是人生價值最大化應成為處理公平與效率關係的最基本原則。按照此原則，效率必須是公平的效率，公平必須是不損害效率的公平。

　當然《鹽鐵論》的義利觀也有其消極影響和負價值：如賢良、文學的義利觀過分重視道德倫理的得與失，而輕視個人利益和近期利益；《鹽鐵論》主張的「義」是等級制度下的別尊卑、明貴賤的義，因此不能對社會公利與個人利益的關係問題做出真正合理的解釋，對勞動人民正當的利欲則有種種不當的節制。這些都是我們在借鑒時需注意克服的。

〔註43〕萬俊人：《道德之維——現代經濟倫理導論》第149頁，廣州：廣東人民出版，2000年。

2、建構國有、民營經濟協調發展的經濟倫理機制

　　所謂的官營，實際上是封建社會的國有壟斷。官營經濟即政府直接經營管理企業，這是封建社會國家百廢待興時候的最佳選擇。「從春秋末期到西漢宣元之交這段時期中，封建經濟思想是為新興的封建主義生產方式的形成和確立服務，為中央集權的專制封建政權的建立和鞏固服務的一種意識形態，它對社會經濟發展起著巨大的進步作用」〔註44〕。官營經濟的實質和特點是封建國家直接進入商品流通領域以至部分商品的生產領域，經營工商業，兼用經濟手段和行政手段控制工商業，並進而影響和控制整個國民經濟，在社會經濟生活中取得舉足輕重的支配地位。因此封建官營經濟其實是一種與封建自然經濟融為一體封建統制經濟。由於商品經濟本質上是以自由的等價交換、商業信用和法制秩序為其內在規則的經濟。官營經濟以官僚集團的簡單命令來指揮生產，其生產和經營不受經濟規律的約束，甚至違背經濟規律，其結果自然只能阻礙商品經濟的發展。而且在官營經濟下，官商更易勾結起來分割和侵蝕國家財源，民營工商業發展會受到扼制，活動空間會因此而萎縮，個人利益則容易受到侵犯。當然，這種統制經濟有利於保持封建社會小農經濟的穩定，提高某個時期內的物質生產效率，便於組織財政收入，對於縮減貧富懸殊，增進公共福利，加強國防建設，打擊具有分裂傾向的富商大賈的勢力均有一定的積極作用。

　　民營經濟可謂是中國獨有的一個經濟概念。因為在西方市場經濟國家中，民營就是經濟活動的主體，西方經濟學的一切前提就是以民營經濟為基礎的。從經濟學的一般意義上講，民營經濟就是按照商業原則和市場規則運作的微觀經濟組織形式。民營經濟的產生和發展主要依靠民眾自身的資源進行，這種經濟組織遵守商業原則，以贏利為惟一目標，具有靈活的用人機制和分配激勵機制。所以民營工商業比官營工商業更有活力，更能促進經濟發展，對封建自然經濟具有更強的分解作用，「商業的發展，一方面在政治勢力之外，社會出現了新的經濟勢力。同時，商人活動範圍的擴大，也是社會活動自由的擴大」〔註45〕。但是民營經濟有難以克服的局限性，如發展的盲目

〔註44〕趙靖：《中國經濟思想史述要（上）》第12頁，北京：北京大學出版社，1998年。

〔註45〕徐復觀：《兩漢思想史》第一卷第51～52頁，上海：華東師範大學出版社，2001年。

性與自發性，更爲重要的是民營經濟的發展會衝擊了封建自然經濟，威脅了封建政權，所以被歷代統治者所戒備。在傳統社會抵制或蔑視民營企業的經濟倫理背景下，民營經濟既不能與官營經濟相抗衡，也無法獨自發展壯大。

　　《鹽鐵論》的核心是對官營經濟與民營經濟在國家中的作用與地位，以及政府與商賈之間的利益關係的爭論。大夫、御史與賢良、文學之爭的實質基本上可視爲國家干預主義與自由主義兩種經濟倫理思想的博弈。《鹽鐵論》關於官營與民營經濟的博弈論啓示我們，要認識國有，民營經濟的利與弊，促進兩者協調發展。大夫、御史指出國君應該普愛無私，強邊才能國安，主張實施鹽鐵官營制度。可見大夫、御史是以政治家的眼光，站在國家的高度，來看待他的系列財政政策，尤其是鹽鐵官營政策的。今天我們自然不能以大夫、御史爲鹽鐵官營政策辯護的理由作爲發展國有經濟的理由，但官營經濟與國有經濟在形式的相同，說明其辯護對於我們認識發展國有經濟的意義無疑具有一定的啓示。實際上，我國的國有經濟必須且事實上在社會經濟及國家治理中有一席之地。如進行尖端的軍工生產，航天工業，某些重工業，都必須是國營企業。這類工業企業是國家強盛、技術進步、人才成長的一個關鍵，關係到國家安危，國家和民族的根本利益和未來的命運。但這類企業投入龐大，在經濟上的回報時期長，且需要頂尖的技術人材，優秀的管理人員。其發展需要國家大幅度的投入。而且，現在國有經濟仍然是我國國民經濟的重要組成部分。我國的改革之路已經走了整整 30 載，國有經濟的效益和實力已有了很大提高，爲保障經濟的平穩快速發展做了大量工作，在經濟社會信息化建設中發揮了重要作用。

　　與大夫、御史不同，賢良、文學秉承儒家精神，認爲朝廷的治國之本不是謀利，而是德治，他們猛烈地抨擊桑弘羊的鹽鐵官營政策，認爲朝廷帶頭與民爭利，就會引導人們不擇手段，唯利是圖，毀名趨勢，淫逸奢侈，最終將會危及正常的社會秩序和破壞整個社會生產，所以希望罷鹽鐵、酒榷、均輸，以進本退末，廣利農業。賢良、文學關於鹽鐵官營政策消極性的認識與分析不乏其合理性。事實上，當時的鹽鐵官營政策的實施已經，且必然產生諸多消極後果。例如，由於專賣政策實行以後，國家不但壟斷了鹽鐵等大宗商品的產運銷，而且均輸平準政策的實行的同時把產品的專賣範圍進一步擴大，使得從事商業已無利可圖，不少商人退出了流通領域，影響了商品經濟的發展；鹽鐵專賣政策全面實施後產生了一批不按商品經濟發展的自身規律

來辦事的官商，官商的發展則抑制了商品經濟發展的活力，嚴重地影響了社會農業生產；再加上封建制度自身的弊端，如辦事效率低，官僚主義作風嚴重等，使得作爲主要消費者的小農，由於官府必需品專賣的固有弊端，影響了生產和消費，影響了商品市場，使他們大部分退出商品性的消費而回到自給自足的小農經濟狀態。所以我們認爲賢良、文學雖有認爲「義重於利」，甚至把物質本身看成是一種罪孽的唯心主義之嫌，但他們也看到人們圍繞著物質利益而爭鬥的事實，且企圖把這種爭鬥控制在一定的秩序範圍內，使人們恪守等級本分，不爭不亂。這是從社會的長治久安來考慮鹽鐵官營問題，其願望實無可厚非。更爲重要的是賢良、文學對鹽鐵官營政策的批判還啓示我們，國有經濟必須通過改革才能又好又快的發展。今天我們在肯定國有經濟改革、發展取得的成績的同時，也應該看到國有企業存在諸多必須解決的弊端，如由於我國市場經濟發展不夠完善，現代企業制度還沒有成功的建立起來，國有企業的治理結構存在著很大的問題。如，監督約束手段失靈，使內部人的不當行爲難以得到適時校正和遏止。還有機構臃腫，人浮於事，缺乏長效激勵機制，企業數量過多，國有資本分佈過散，不顧經濟規律和市場法則行事，服務態度惡劣，給人民生產和生活帶來不便，腐敗等問題。這些問題既影響了國有經濟自身的發展，也影響了民營經濟，進而是整個國民經濟的發展。這些問題，賢良、文學大多有所涉及。對這些問題，我們要做的只能是通過深化改革解決之。例如，可通過實現產權多元化，確保所有者到位，塑造新的「外部人」等辦法來解決國有企業的治理結構存在的問題。這種改革不是簡單地降低國有股比重，而是使企業形成有效的內部治理結構，並有助於企業形成合理的市場定位和競爭優勢。同時要調整國有經濟布局，收縮國有經濟戰線，使國有經濟從一般的競爭性領域中退出，減少國有中小企業的數量，促進國有資本向大型企業和關係國民經濟命脈的關鍵行業和主要領域集中；將有限的國有資本投入到關係國民經濟命脈的重要領域，使國有經濟起到對整個國民經濟的主導和控制作用，至於那些進入壁壘小、競爭性強、國有資本難以發揮效益的一般性競爭領域的國有資本則應捨得退出。

就民營經濟而言，市場經濟發展至今，實際上已居於我國國民經濟的重要地位，在國民經濟發展中發揮了重要作用：民營經濟已成爲我國經濟增長的主要源泉。政府投資推動，消費政策拉動，外貿出口帶動都沒有民營經濟爲經濟增長帶來的效果實在。民營經濟已是新增就業機會的主渠道。從最近

幾年的情況看，民企已成為吸納勞動力最主要的部門，從國營企業退出的那部分勞動力和新增加的勞動力大部分要靠民營企業來安排。民營經濟還是推動經濟變革的主要力量，沒有民營經濟的長足發展，不僅改革有可能夭折，且會直接影響到社會的穩定和發展。

但同時我們也不得不承認，民營企業追求經濟利益最大化的私有經濟本性決定了如果聽任其自發發展，其結果難免會導致經濟尺度對倫理尺度的排斥。從現實狀況來看，我國的民營經濟在發展過程中確實缺乏應有的足夠的倫理文化支撐，存在許多突出的倫理問題，這更應該引起我們高度的重視。如有些民營企業在經濟運行中，重利輕義，見利忘義，貶抑道德，過於迷信金錢和經濟的力量，把人異化成為金錢和物質的奴隸；不少民營企業的經營管理理念落後，如經營決策權由企業主本人壟斷，用個人說了算代替科學的決策機制，排外傾向嚴重，任人唯親；還有不少民營企業生態倫理觀念淡薄，一些民營企業存在著高資源消耗、環境污染的問題。大夫、御史雖未能有認識今天的民營經濟所存在的不道德行為的「先見」，但他們堅持鹽鐵官營政策的重要原因是對鹽鐵私營，即民營，可能產生與事實上已產生的不道德行為有清醒的認識。這一點已難能可貴，它啟示我們：民營經濟要健康發展，必須融入充分的倫理思考，在價值觀念上進行一場深刻的革命。我們必須引導他們把自身經濟的需要與社會的發展結合起來，引導他們把個人的富裕與全體人民的共同富裕結合起來，引導他們把遵循市場法則與發揚社會主義道德結合起來，形成正確的價值觀念，真正實現經濟目標和倫理目標的有機統一。

今天，對民營經濟發展的倫理思考，其實質或核心就是對民營企業的社會責任的思考。賢良、文學對道義的作用及大夫、御史對政府的作用的積極性肯定，啟示我們必須從道義的引導與政府的規範，社會的輿論等多方面促使民營企業積極履行企業的社會責任。一般認為企業的社會責任主要包括：一，企業的經濟責任。企業應該為豐富人民的物質生活，為國民經濟的快速穩定發展發揮自己應有的作用。二、企業在遵紀守法方面的責任。企業應該作出表率，遵守所有的法律、法規，包括環境保護法、消費者權益法和勞動保護法。完成所有的合同義務，帶頭誠信經營，合法經營，承兌保修允諾。帶動企業的雇員、企業所在的社區等共同遵紀守法，共建法治社會。三，企業的倫理責任。企業應努力使社會不遭受自己的運營活動、產品及服務的消極影響。加速產業技術升級和產業結構的優化，大力發展綠色企業，增大企

業吸納就業的能力,為環境保護和社會安定盡職盡責。四,企業的慈善責任。企業應充分發揮資本優勢,為發展社會事業,為成為一個好的企業公民而對外捐助。支持社區教育、支持健康、人文關懷、文化與藝術、城市建設等項目的發展,幫助社區改善公共環境,自願為社區工作。本文認為,以上所述的企業社會責任其實都是企業的倫理責任。不容否定的是我國不少民營企業在承擔社會責任方面成績斐然。但同樣不可否認的是民營企業在履行社會責任存在一些問題。為此,應首先從企業自身管理的角度確定社會責任內容,引導民營企業承擔起社會責任。民營企業在企業經營理念中要加入承擔多元社會責任的內容;在企業運作的特定時期,要制定具體的社會責任目標;另外,企業還必須根據變化了的內外部環境,適時調整社會責任戰略,從道德的角度對自身經營思想、營銷行為等進行規範、約束和控制。其次,政府應採取措施鼓勵民營企業承擔社會責任,並對其進行監督。一方面,政府對主動承擔社會責任的民營企業應給予相應的鼓勵與支持,如制定優惠政策,對那些倡導誠信、依法經營、合理納稅、對社會公益事業作出重大貢獻的民營企業加以表彰和獎勵,並給予資金上的傾斜,等等。另一方面,政府應充當維護社會公眾利益的監護人和協調企業利益與社會利益的仲裁者,以行政干預和經濟調控為手段,引導和監督民營企業履行社會責任,糾正和懲處民營企業逃避社會責任的現象,以保證民營企業對部分強制的社會責任的履行。再次,要加強社會對民營企業承擔社會責任的監督,充分發揮新聞媒體和民間團體的作用,建立多層次、多渠道的監督體系。

3、培育健康合理的財富倫理

　　財富倫理涉及到民生問題和社會生產生活的諸多方面,本質上要求妥善解決國富與民富的關係問題。我們的改革開放,就是要不斷提高廣大人民群眾的物質文化生活水平,實現國家的富裕文明。十六大以來,民生問題成為全面建設小康社會的重大問題。所謂民生問題,簡而言之,就是與百姓生活密切相關的問題,最主要表現在吃穿住行、養老就醫、子女教育等生活必需上面。民生問題是人民群眾最關心、最直接、最現實的利益問題。中外發展實踐證明,民生問題的解決程度與社會和諧程度是正相關的關係。民不聊生必定帶來社會動盪、政局不安,這已是中外歷史的公例。而民生問題的不斷改善則會造就整個社會的和諧。從有文字記載的先秦到近代,兩千多年的風雲巨變中,我國的仁人志士對民本、民生的關注從未間斷。《左傳》提出「民

生」概念,「民生在勤,勤則不匱」。到了春秋戰國之際,儒家對民生思想做了進一步詮釋:孔子提出「因民之所利而利之」〔註46〕;孟子提出「民爲貴,社稷次之,君爲輕」〔註47〕;荀子主張:「天之生民,非爲君也;天之立君,以爲民也」。〔註48〕東漢後期,王符提出「帝以天爲制,天以民爲心。民之所欲,天必從之。」〔註49〕到了近代,王夫之則主張「藏富於民」,「寬以養民」。〔註50〕第一次對「民生」進行具體闡發的是孫中山,他認爲民生就是:人民的生活、社會的生存、國民的生計、群眾的生命,具體舉措就是「節制資本」,「平均地權」。〔註51〕

關注民生、重視民生、保障民生、改善民生,是歷史唯物主義的必然要求,更是我國經濟、社會發展之必須。經過近30年來的經濟持續高速發展,我國因發展不足所帶來的衣食之憂得到了解除,但民生問題卻在發展中以新的內涵及外延日益突顯出來。貧富差距擴大、勞資關係失衡、分配格局失範以及教育、就業,醫療,住房、社會保障等各種民生問題的升級,以及人民對良好的教育、穩定的就業、公正的收入分配、安全的社會保障網、健康的生活環境、自由平等的發展空間,乃至民主的政治、文明的法制、個人的尊嚴與體面的普遍追求,都表明解決好民生問題將始終是政府的核心任務,改善民生將是構建和諧社會的永恒主題。中國共產黨十七大把全面推進以民生爲重點的社會建設作爲構建和諧社會的關鍵來抓,胡錦濤總書記在黨的十七大報告中強調指出:「必須在經濟發展的基礎上,更加注重社會建設,著力保障和改善民生……努力使全體人民學有所教、勞有所得、病有所醫、老有所養、住有所居,推動建設和諧社會。」〔註52〕關注民生、重視民生、保障民生、改善民生既同黨的性質、宗旨和目標一脈相承,同時還體現了黨對中國傳統倫理思想精華的繼承與發揚。《鹽鐵論》雖然沒有直接提出民生的概念,

〔註46〕《論語·堯曰》。
〔註47〕《孟子·盡心下》。
〔註48〕《荀子·大略篇》。
〔註49〕《潛天論·過利》。
〔註50〕《詩廣傳》卷四。
〔註51〕《中國國民黨第一次全國代表大會宣言》,《孫中山選集》第593頁,北京:人民出版社,1981年。
〔註52〕胡錦濤:《高舉中國特色社會主義偉大旗幟,爲奪取全面建設小康社會新勝利而奮鬥——在中國共產黨第十七次全國代表大會上的報告》,北京:人民出版社,2007年。

但其爭論的本身就是基本的民生問題，即當時人民的基本生產資料與生活資料的鹽鐵是否專營的問題，所以關注民生是貫穿其整個經濟倫理思想的重要內容。《鹽鐵論》的義利之辯，貧富之爭對民生問題的論述尤為突出。從《鹽鐵論》的義利觀看，賢良、文學的義利觀具有重義輕利的特徵，但賢良、文學在事實上並不否定利，只是在價值倡導上則強調義在利之上，指出君子不能自饒其家，但也不必刻意避財，能以平和之心待財即可。大夫、御史則主張自利，利國，利民的統一。同時大夫、御史還認識到，國家控制工商業的另一目的就是為了調配各階層的利益，以抑制兼併，以「輕重御民」。因為社會上「智者有百人之功，愚者有不更本之事，人君不調，民有相萬之富也」，如果不對財富的積累加以限制，無論對個人還是對社會都會產生有害的影響，富者「或儲百年之餘」，窮者「或不厭糟糠」。國君的責任就要想法散聚均利，「積其食，守其用，制其有餘，調其不足，禁溢羨、厄利塗，然後百姓可家給人足也。」〔註 53〕桑弘羊的經濟構想是以國家出面干預經濟，既鼓勵多種經營的發展，又限制大商人和地方豪強勢力利用國家的自然資源暴富，通過征稅以增加國家的財政收入，保證人民安居樂業和各行業的健康平衡發展。

　　當然，賢良、文學與大夫、御史雖都強調要關注民生，但他們的立足點不同，關注民生的側重點也有所不同。賢良、文學關注民生的立足點是儒家的貴民說，主要內容包括：哀民、憂民、利民、教民等。其中所謂教民，即用道德去規範人民的行為，讓人們遵守倫理秩序。教民的主要手段是「以禮義防民欲」。賢良、文學推崇儒家貴民說，其實質是反對鹽鐵專賣，認為這樣做即使出發點是富民，即富百姓，其結果卻可能兩級分化嚴重，因為官員會損百姓利益而肥私。大夫、御史則認為「忠君」的思想出發肯定鹽鐵專營之義：既是保家衛國的需要，對百姓也是有利。可見對民生的關注是《鹽鐵論》雙方義利觀的共識，民生問題被上升到義利的高度。《鹽鐵論》從義利的高度論民生問題的思想無疑是相當深刻的，更為現代中國民生問題的解決提供了獨特的視角。

　　其一、《鹽鐵論》關於民生問題的爭論實際上已經指出了民生問題不只是一個經濟問題，也是一個重要的倫理問題。如，以現代公正觀視之，保證每

〔註 53〕　《鹽鐵論‧錯幣》，王利器：《鹽鐵論校注（定本）》第 56 頁，北京：中華書局，1992 年。

一個社會成員最基本的生存權利就是一種基本的義，即社會公正的基本前提。民生是人民的生活，社會的生存，是由生存權、基本教育權、公正報酬權、基本社會保障權等權利組成的人的基本權利集合。這些權利是每一個社會成員參與社會合作所必須滿足的。如果這些權利被剝奪，社會合作體系的公正性就必然受到嚴重的破壞。考慮到每一個成員在合作體系之中都有著平等的地位，如果利益與負擔只是對少數人有利，而大多數人處於不利的地位，這種合作就不是公正的。所以無論如何，平等的基本權利與平等的機會是合作體系公正的底線要求，因爲自然的博弈具有任意性，難免有些社會成員在自然的博弈之中會陷入困境之中，因而導致貧困。對於絕對貧困者來說，社會有責任提供最起碼的社會救援亦即生活底線的保證，有責任從全社會發展的總成果中切出一部分予以調劑。

其二、《鹽鐵論》關於民生問題的爭論還啓示我們：解決民生問題，離不開道義的規範。對於現代社會而言，道義的規範作用主要是通過建立道義的制度，即公正的制度而實現的。因爲現代社會是建立在民主政治與市場經濟基礎之上的社會。民主政治加深了平等理念，提升了公民參政議政的激情，市場經濟則確立了市場主體利益的合理性，導致利益要求的多元化。利益是人與人之間關係的基礎，也是社會秩序的基礎。在這樣一個平等的利益多元化的社會中，只有建立公正合理的分配制度，才能形成合理的利益格局。

其三、《鹽鐵論》關於民生問題的爭論還啓示了我們：解決民生問題，政府應該且必須承擔基本的倫理職責。黑格爾曾正確地指出國家作爲公共意志的代表者，有義務給予個人自由與私人福利必要的關照，使得它們可以得到實現，「現代國家的本質在於，普遍物是同特殊性的完全自由和私人福利相結合的」〔註 54〕。那麼政府如何有效地承擔這一職責呢？顯然，承擔這一職責的前提是政府行爲本身必須符合道義的要求。不容易諱言，爲了改善民生，近些年各級政府做出不少努力。然而，在一派盛世景象中，也要提防個別的地方和部門的某些民生做法，如賢良、文學所說的具有不義性。如，一些形式主義的民生政策成爲地方之間、領導之間相互競爭和攀比的政績工程。還有一些地方片面地理解民生和經濟發展的關係，甚至不惜犧牲老百姓的利益來追求所謂的「大手筆」和「跨越式發展」。如此解決民生問題，實爲害民。

〔註 54〕〔德〕黑格爾：《法哲學原理》第 261 頁，范揚等譯，北京：商務印書館，1961年。

其四，《鹽鐵論》關於民生問題的爭論還啓示我們：關注民生，歸根到底是要增加人們的利益，保護人們正當合法的財產。利益的形式是多方面的，基本形式則是人們的私有財產。所以關注民生就必須保護、增加人們的私有財產。那麼增加人民的私有財產有何道義的依據，應該增加人們什麼樣的私有財產呢？解答這些問題可從《鹽鐵論》尋求到一些啓示。從大夫、御史與賢良、文學關於富國與富民之爭的言辭看，兩者之爭的實質並不是要不要富國與要不要富民，而是富國與富民誰應擁有優先地位的問題。這一爭論啓示我們：應該保護、增加人們的私有財產。因爲社會由具體的個人組成，每個群眾或絕大多數群眾的私有財產得到保護、增加，整個社會的財產及其收入才會增加。另外在絕大多數情況下，只有在群眾的財產得到有效保護與增加的情況下，個人才會有積極性去增加社會財產及其收入，正如亞當·斯密所言：「每個人改變自身境況的一致的，正常的，不斷的努力是財富、國民財富以及私人財富所賴以產生的重大因素」〔註55〕。既然應該保護、增加群眾的私有財產，那麼全面否定，損害或阻礙群眾私有財產就是不應該，因爲這必然會損害個人與社會的財產、利益。

應該保護、增加人們的私有財產並不等於人們所有的私有財產都應該保護、增加。以現代經濟倫理學的觀點視之，唯有符合道德應該要求的私有財產才是應該受保護的私有財產。道德應該的最高標準即社會制定道德的根本目的：保障社會的存在與發展，最終增進每個人的利益。因此，一切通過增加或不減少每個人或大多數人的利益而產生的私有財產即人們應該受保護的私有財產。但是僅憑道德的終極標準是無法準確，迅速地指導人們按道德應該要求而行爲。這就需要從道德的終極標準推演出更爲具體、複雜、多樣的道德原則。正義原則無疑是最基本的原則，所以，人們一切合正義原則的私有財產即爲其應該受保護的私有財產。廣義的經濟正義可分爲歸宿正義與交換正義兩大類，〔註56〕其中歸宿正義是最基本的正義，合此正義而產生的私有財產才是基本的應該受保護，應增加的私有財產。在財產的創造中非勞動的生產要素無疑發揮了重要作用，但是「活勞動必須抓住這些東西，使它們由死復生，使它們從僅僅是可能的使用價值變爲現實的和起作用的使用價

〔註55〕亞當·斯密：《國富論》第82頁，北京：商務印書館，1979年。
〔註56〕賀漢魂：《廣義勞動價值論：商品經濟的基本正義論》。太原：《經濟問題》，2008年1月。

值。」〔註 57〕可見勞動才是創造財富的主要因素，是財產歸宿正義的主要依據，因此人們應受保護的私有財產主要指其勞動所得的私有財產或通過勞動所得的財產而產生的財產。關於民貧富的原因和致富之道，大夫、御史認為民之貧富一在於民自身的勤勞程度。賢良、文學則強調富的關鍵在於遭時，即知遇於明君，「君子遭時則富且貴」，根本途徑則在於勤儉於農業之本。《鹽鐵論》「勤勞致富」的思想實際上已經清楚地說明：人們應該受保護的私有財產主要指的是人們勞動所得的私有財產。

　　《鹽鐵論》的雙方關於富國與富民之爭的重點是對待貧富應該採取何種態度。賢良、文學認為貧未必恥，富未必榮，因為道義精神富高於物質財勢之富。和賢良、文學的看法不同，大夫、御史以取得財富為榮，而以貧窮為恥，因為貧富取決於個人的能力用其努力。《鹽鐵論》「貧未必恥，富未必榮」的思想則啟示我們：保護人們的私有財產需要道義價值的引導。從應該的實質看，保護人們的私有財產無論如何地應該，也只是一種手段善，而不是目的善。目的善與手段善的劃分源於亞里士多德，「善顯然有雙重含義，其一是事物自身就是善，其二是事物作為達到自身善的手段而是善」〔註 58〕。按此解釋，目的善是其自身而非其結果就是可欲的，其本身就是人們追求目的的善，而手段善乃是其結果是可欲的，是其結果而非其自身成為人們追求目的的善。目的善與手段善的區分往往是相對的，但存在絕對的目的之善亦即至善。這種至善只能是幸福，「看來，只有幸福才有資格稱為絕對最後的，我們永遠只是為它本身而選取它，而絕不是因為其它別的什麼東西〔註 59〕。如果說幸福是一種終極的目的善，那麼增加私有財產顯然只能是一種手段善。因為幸福人生的實現的確離不開物質財富，但人生的最大幸福卻不是最大限度地佔有財富，而是如何更為自由地發展自己的素質，並使之在社會生活中得以施展，進而由社會承認自己的價值。

4、培育正當合理的消費倫理

　　一般所謂的消費觀，即指潛藏於人們內心之中以指導其消費行為的價值準則，是特定經濟環境中長期積澱而成的掌控人們消費結構、消費方式以及

〔註 57〕 《馬克思恩格斯全集》第 23 卷第 208 頁，北京：人民出版社，1972 年。

〔註 58〕 亞里士多德：《尼各馬科倫理學》第 8 頁，北京：中國社會科學出版社，1990 年。

〔註 59〕 亞里士多德：《尼各馬科倫理學》第 10 頁，北京：中國社會科學出版社，1990 年。

消費水平的「心理情結」。樹立科學的消費觀，並以此引導人們的消費行為是社會生產和再生產得以良性循環，經濟又好又快發展的客觀要求，對於我國乃至人類文明發展都有著重要的理論意義和現實意義。《鹽鐵論》關於奢與儉的爭論對樹立科學的消費觀頗有現代的參考價值。

「反奢崇儉」的消費觀作為普通百姓立身持家的準則和為政者治國安邦的方略，從誕生到現在已經有兩千多年的歷史，直至今日，它仍具有強大的生命力和影響力，因為「奢侈意味生活目的的異化：消費不是為了滿足人的正常生活需要，而是為了滿足不可滿足的欲望。奢侈行為本身既不符合經濟理性的原則——它不僅不可能產生（直接或間接地）任何生產效率，更不應說最大化的經濟效率，反而會造成社會資源的巨大的浪費，因而也不符合經濟倫理的正當合理性原則——它不僅造成社會資源的巨大浪費，而且孳生一種貪得無厭的極度享樂主義」〔註60〕。中華民族能度過一次次的經濟難關，以內斂為特徵，靠高儲蓄、低消費和以出口為導向的經濟發展模式在東亞及東南亞奇迹般的成功，無不與這種消費觀的作用密切相關。「反奢崇儉」還是今天進行社會主義現代化建設一種重要的精神資源。現在有的人認為，艱苦樸素的觀念已經過時了，要捨得消費，才能刺激生產，才能使經濟發達，國家富強；中央的經濟政策也是刺激內需，擴大居民消費；銀行則在鼓勵人們借錢消費。所以，「崇儉」之道不可行。其實，消費是一個綜合概念。以部分居民為例，確實收入較高而儲蓄較多，也就是消費不足，或者說是勤儉樸素。但另一方面，由於社保體系、醫療體系、養老體系、教育體系的不健全，他可能有後顧之憂，不願意進行過多的消費。他們的行為，從另外一個角度看，還是在消費，是把錢存在銀行裏，消費的是一種「安全心理」：錢在，安全感在；錢沒有了，安全感沒有了；而且今天的不消費是為了明天的能消費。西方發達國家的超前消費，是建立在社保體系健全，人們具有安全感的基礎上。如果鼓勵一個人在他的失業在即、醫療費無著的情況下超前消費，顯然是對他的生命不負責任。我們國家的經濟的確在迅速發展發展，人們的財富的確在急劇地增加，但是對於自然資源相對短缺，現代化建設又是在經濟文化十分落後的基礎上起步的一個發展中的大國而言，「崇儉」作為奢侈浪費的對立物，作為艱苦奮鬥的同義語，始終有它存在的理由與價值。

〔註60〕 萬俊人：《道德之維：現代經濟倫理導論》第293頁，廣州：廣東人民出版社，2000年。

　　上世紀 80 年代中期，針對有的外國朋友提出要實行高收入高消費的政策建議，鄧小平明就確指出：「我們國家情況有所不同，現在全國沒有條件實行高收入高消費的政策。」〔註61〕毫無疑問，與上世紀 70 年代末 80 年代初相比，現在我國的面貌已經發生了巨大變化，人民生活總體上達到了小康水平。但是進入新世紀後，我國現代化建設面臨許多困難和挑戰。其中一個十分嚴峻的問題是愈益增強的資源制約，多種重要能源和資源供需矛盾加大。很顯然，在我國發展的整體水平還較低且長期受到嚴重的資源制約，而我國消費領域又存在嚴重浪費，超量、超前的揮霍性、奢侈性消費呈蔓延加劇之勢的情況下，「崇儉」的消費觀不但沒有過時，而且必須加強。至於「擴大居民消費」，中央的意圖其實是通過增加居民收入，特別是增加社會底層，如農村人口、城市貧困人口的收入，讓他們通過消費分享改革開放的物質「紅利」，但並沒有否定勤儉節約的含義。其實，在西方發達國家中，除了美國屬於浪費型消費的國度外，其他國家都十分崇尚節儉。在媒體上不時可以看到關於歐洲發達國家招待外國元首的宴會非常簡單的報導，還有大量關於在德國很少見高檔奔馳汽車，瑞士人很少帶勞力士手錶，在瑞士餐館用餐剩菜過多要罰款，億萬富翁沒有汽車等報導。這些國家的經濟並沒有因此而落後，許多國家的人均 GDP 還超過了美國。這些事例足以說明節儉不但不會抑制經濟增長，反而會促進經濟增長。

　　《鹽鐵論》的奢、儉之爭啓示我們必須樹立科學的消費觀。首先，樹立科學的消費觀是人民健康生活的需要。科學消費觀認爲，消費的目的，應該是爲了滿足人們物質和精神生活的合理需要。遺憾的是近幾年理論界和一些管理部門在研究消費時卻過多地強調消費對經濟有促進作用，而較少強調消費本身的意義，似乎消費的目的完全是爲了滿足生產的需要。我們認爲促進生產的確是消費的重要功能，但這不是消費的主要功能，否則爲了促進生產，那就必然是消費得越多越好，其結果必然是導致肥胖病、高血壓、高血脂、高血糖，嚴重影響身體健康。疾病增加雖然有利於帶動藥品製造業、醫療服務業的發展，但這種帶動是以降低人們的生活質量和浪費資源爲代價的，根本不應是我們需要的。其次，樹立科學的消費觀是樹立科學的生產觀，促進技術進步的需要。人的行爲往往具有一貫性的特徵，一個生活節儉的人在生產中往往也會注重節約，降低成本。據法國權威專家米歇爾・阿爾貝爾在《資

〔註61〕鄧小平：《鄧小平文選》第 3 卷第 52 頁，北京：人民出版社，1993 年。

本主義反對資本主義》一書中提供的數據，崇尚消費的美國工人的對比崇尚節儉的日本工人，美國工人的平均廢品率是日本工人的 100 倍。另一方面，企業要在競爭中取勝，就必須不斷開發新產品和降低生產成本的新工藝、新技術，為此必須要有外部壓力，才能激發出內在動力。一般來說，一個產品或一種技術的市場飽和時，也就是新產品、新技術即將出現的時候。如果政府通過政策刺激市場需求，鼓勵浪費型消費，就會推遲新產品、新技術的出現，從而延緩技術進步的速度，推遲產業結構的升級。當然，那些從長遠看有利於資源利用和環境保護的產品和技術需求，在開發初期是需要政府通過政策給予扶持，但這不能成為鼓勵一般性消費，更不應成為鼓勵浪費型消費的理由。再次，樹立科學的消費觀是保護環境和有效利用資源的需要。我國是一個資源大國，但又是一個人均資源的小國。保護資源、提高資源的有效利用率，應作為我國發展經濟的一條基本原則。從經濟循環的鏈條看，消費是整個鏈條的最後一環，因此，消費環節的浪費是對能源和資源最大的浪費。浪費型消費比浪費型生產更加有害，建立節約型社會，不能不提倡消費領域的節約，在全社會倡導科學的消費觀。

那麼什麼樣的消費觀才是科學的消費呢？從本文對《鹽鐵論》奢、儉思想的分析評價可知科學的消費觀應該是以人為本的適度消費的消費觀。所謂以人為本是指消費要以人的全面發展為目的，是以人的生活方式健康化、文明化為特徵，以消費的本來面目認識消費，指導消費，減少無效消費、負效消費和各種非理性消費，減少消費環節對資源的浪費、對環境的污染和對人健康的損害，最大限度地滿足人們生理健康和精神健康的需要。所謂適度指消費既不能過度也不能不足，既反對禁慾主義貶抑消費，又反對享樂主義張揚消費。因為消費不足無法提供人類正常生活需要的消費品，使人應該有的健康體魄與健全智力達不到應有的水平；消費過度將消費作為生活的唯一目的，在本質上是一種「異化消費」，它使消費與「需要」、「使用價值」相背離，過度地去追求不必要的欲求滿足，勢必造成巨大的資源浪費，甚至人性的扭曲，給社會的發展和文明進步帶來嚴重的負面影響。可見，適度消費是人本理念的必然要求與體現。以人為本的適度消費的消費觀並不反對隨著科技進步和經濟發展提高消費水平，但強調的是要將消費與人的全面發展有機結合起來；消費要立足於現實的物質基礎，服從於社會主義現代化建設的要求；個人應根據社會生產力發展狀況調整自己的需要，消費不應超過了自己的實

際負擔能力。毫無疑問，樹立科學的消費觀不僅僅是一個經濟問題，還是一個社會道德問題，因而不是單純的市場力量可以解決，必須動員全社會，通過廣泛、持久的宣傳、教育，並輔之以適當的宏觀政策調控與道德教育才能實現。

總之，《鹽鐵論》，「實乃千古奇書，以規模及類別而言，古往今來著述之林，也極難找出同類項。」〔註62〕對壘雙方，當朝的官員——桑弘羊之屬，和清流知識分子——文學、賢良之屬，圍繞經濟決策和經濟治理等一系列重大理論和現實問題展開了熱烈的爭論，內容涉及到道義與功利、本體與末用、富國與富民、節儉與奢侈以及德治與法治等方面，可謂古代經濟倫理思想的傑作，具有很高的學術價值和歷史價值。在建設中國特色社會主義倫理文化的當代，發掘《鹽鐵論》書中的經濟倫理思想資源，並給以創造性的轉化，無疑有助於我們建構有中國特色的社會主義經濟倫理學，為中華民族偉大復興提供道義的支撐和倫理的支持！

〔註62〕伍立楊：《重讀〈鹽鐵論〉札記》，《博覽群書》2001 年 1 月。

附錄：釋「輕重」

關鍵詞：解釋；鹽鐵論；管子；輕重

摘要：「輕重」是漢代理財家桑弘羊思想的綱。但此詞的義蘊一向沒有說得完全，沒有說到要點。《鹽鐵論》本身有說明這個詞義的材料，特別是《管子》中有以「輕重」爲題的文字 7 篇，研究《管子》中「輕重」所指，就能明瞭「輕重」的確切含義。舉出《輕重甲》中 17 段文字的內容，然後歸納出所謂的「輕重」多是指經濟調控的結論。爲什麼經濟調控用「輕重」二字來表示，文末也有涉及。

漢武帝、昭帝之際的理財家桑弘羊，治國理念獨特。可以說，漢武帝的功業，有他的一份功勞。沒有他的財經政策的制訂和執行，便沒有衛青霍去病的赫赫戰功。可是，不知由於何種緣故，正史沒有爲他立傳，後人對他知之甚少。元帝竟元元年（公元前 33），桓寬著《鹽鐵論》，整理出昭帝始元 6 年（公元前 81）鹽鐵會議的紀錄。其中紀載了桑弘羊作爲御史大夫（相當於副丞相的高官）回答會議參加者對當時政策的質疑，有舌戰群儒的架勢。人們這才較具體地知道桑弘羊有哪些看法和主張。如果這些看法和主張，可以叫做「思想」的話，那麼，他的思想的綱是什麼呢？

所謂「綱」，比如曾參概括他老師的學說：「夫子之道，忠恕而已矣」（《論語・里仁》）；孟子說他的學說，「亦有仁義而已矣」（《孟子・梁惠王上》）；商鞅變法，他的治國，只「耕」「戰」兩項（《商君書》卷五）；黃老之學，「無爲」二字就可以點明其大旨（《史記・汲黯列傳》，中華書局本 3105 頁）。那麼，桑弘羊的學說呢？

我們以為，桑弘羊學說的綱就是「輕重」一詞。《鹽鐵論》有「力耕」一篇，其中有「以輕重御民」的話，意思就是以輕重之術來統治百姓。〔1〕〔25〕下面又說「御輕重而役諸侯」〔1〕〔26〕，用輕重之法來役使世界各國。可知「輕重」就不只是用來統治國內，也要用來對付天下，使天下為我所用。氣魄宏闊。不是如文學賢良們，只知道恢復井田制、回到古代去。這裏的「輕重」，實際上就是桑弘羊學說的綱領。

「輕重」一詞如何理解？有人理解為「重農輕商」和「重商輕農」兩種對立的思想之和。這自然亦無不可。可《鹽鐵論》的「輕重」多數不是這個意思。光是「重商輕農」，也不足以概括桑弘羊的思想。對「輕重」解釋得最詳細的，應該是王利器先生。他的解釋節錄如下：

> 輕重之學，是我國古代一種重要的政治、經濟理論，內容包括比較廣泛，舉凡古代封建國家權衡輕重所採的政治、經濟、財政、貿易的政策或措施，都屬於這一理論的應用範疇。……在本書所提及的問題，諸如質文、刑德、陰陽、義利、因革、損益、本末、上下、公私、內外、高下、遠近、深淺、剛柔、息耗、虛實、有無、多少、成敗、貧富、言行、行止、語默，以及物資集散、商品貴賤、調劑盈虛、有餘和不足，如此等等，都是屬於這一理論範疇的『太公、管仲之術』，採取這些政策措施的結果是：『總一鹽鐵，通山川之利而萬物殖。是以縣官用饒足，民不困乏，本末並利，上下俱足。此籌計之所致。』……這「籌計」二字，很好地說明了輕重理論的全部涵義……〔1〕〔180～181〕

以上只是節錄，還有約 2／3 被省略了。但是，就是把全文都抄下來，同樣不會清楚王先生到底是什麼意思。似乎在說對一些政策措施，權衡其輕重。又似乎在說，對許多對立的統一（質文、刑德、陰陽等 27 個）予以辯證的審察。又說「籌計」是輕重的全部內涵。讀了王先生的注解，仍然不能完全放心。「輕重」就是這樣的意思麼？

《鹽鐵論》中有《輕重》篇，看它在說什麼，我們或者可以從中得到一些啟示。

此篇共 3 回對答，6 段話。御史（桑弘羊下面的屬官）先發言，文學針對御史的話進行反駁。下文是他們的第一個回合對話的節錄：

> 大夫：管仲相桓公，襲先君之業，行輕重之變……今大夫君修桓管
> 　　　之術，總一鹽鐵，通山川之利而萬物殖。

按：「輕重之變」，等於說輕重之法。大夫君，這裏指桑弘羊。管
　　仲行輕重之術，桑弘羊遵修其法，統一鹽鐵的收購，採取均
　　輸的措施，通各地有無之利。這是說，鹽鐵專賣，實行均輸，
　　是輕重之法。

文學：權利者，政之殘也。……大夫君以心計，策國用，搆諸侯，
　　參以酒榷，咸陽、孔僅增以鹽鐵……言利末之事析秋毫，可
　　為無間矣……然而國家衰耗，城郭空虛。

按：文學認為，御史所說是輕重之法的那些措施，目的是謀取錢
　　財，是「權利」，是與民爭利，以致於鬧得民窮財盡。

大夫明說，桑弘羊是修桓管之術。桓公本人沒有留下專書供後人研究。管仲則有《管子》一書傳世。其書雖有後人的言論摻入，但基本上是管子一派的思想。只是因為其學未能宏揚，研習者寥寥，流傳過程中，多有訛誤，竹簡錯雜，難以通讀。但其大意，還是可以通曉的。《管子》有輕重為題的文字 7 篇，分別題為「輕重甲」、「輕重乙」……「輕重己」。7 篇（其中亡佚一篇）都分析，為篇幅所不容。只選甲篇來作轉述，看「輕重」裏都「輕重」一些什麼。選甲，也沒有別的緣由，只是因為它是第一篇。

《管子‧輕重甲》的內容，下文逐段介紹。是轉述，不能無所刪簡。《管子》難讀，不能保證都述得準確。

1. 招天下之財而致天下之民。比如桀有女樂 3 萬人，她們都要穿高級衣服。而亳的婦女工於刺繡紡織，無事可做，就叫她們紡織刺繡，製成漂亮的女服，賺桀的錢。桀虐待百姓，湯反之，「饑者食之，寒者衣之，不資者振之，天下歸湯若流水。」

2. 所謂五戰：戰衡、戰準、戰流、戰權、戰勢。郭沫若《管子集校》引張佩綸云：「依問辭當屬《國準篇》」。

3. 糧食有囤積居奇者，令其平糶，因而國君可支配的糧將成倍數增長，用來周濟孤寡老人，窮困無告的貧民。如此，可使戰士奮死力戰，以為齊國。

4. 牛馬的皮幹筋角（車具上用物）昂貴，要民眾繳納，負擔太重。管仲叫把車槓做得高低不平，造成拉車費力，以前兩人可拉，現在遇上雨天，十個人都拉不動，只好憑藉畜力。畜力疲困，相繼死於道路，這樣皮幹筋角就多了，多到給人都不要。而牛馬之價也就昂貴起來。畜力騰貴，鄰國之民便紛紛將其牛馬歸齊。管子這一舉措，既招徠了百姓，又減輕了群眾的負擔。

5. 弓弩多歪戾不可用，雖有工匠修補，也修不過來，只好又到民間去收繳。管仲要桓公對那些能射得鵠鳥鶬鳥的人，持璧去慰問他們。這兩種鳥飛得高，要用十鈞的強弓才能射到，而強弓如果歪戾，必得自己設法匡正。於是大家都想射高鳥，都得用強弓，都會自己糾正弓弩，這樣，就不愁弓的不正了。

6. 桓公想徵房產稅，想征人頭稅，牲口稅，樹林稅。管仲都不贊成。他建議向鬼神「征稅」。就是祭祀堯帝的大臣，春獻蘭，秋獻菊，用大魚小魚做祭品。意思是弛海禁，鼓勵漁民多捕魚，齊作為濱海大國，就會收到魚業豐盛之利，不必去徵那些苛捐雜稅了。

7. 越國有水軍，桓公怕他們來攻打。管仲建議將河水渚成大水庫，水深至 7 丈，鼓勵人民常去水中跳躍游泳，成績好的，賞千金。就這樣，訓練出來一支 5 萬人的水軍，足以打敗越人的侵擾。

8. 打獵的火把，光照到桓公的堂屋裏。管子來恭賀道：我們的田野已充分利用，今年農民一定豐收。桓公問何以見得？管子說，人民居家，不可以沒柴燒。現在打獵燒柴多，農民的柴火就起價了，農民有了錢，春耕夏鋤都不愁資金，還能不豐收嗎？

9. 桓公耽心北郭之民窮，問管仲可有什麼辦法能改變面貌。北郭之民打草鞋織布為生，又以種園子為其本業。管仲建議：富戶不得打草鞋，有錢人不得經營園子，離市場不遠的地方，不可以種菜。這樣，使北郭的貧民能發揮他們的所長，種蔬菜也就有利可圖了。

10. 齊是一個富有資源的國家。農閒時煮鹽，聚鹽 3 萬 6 千鍾，農忙時停煮，鹽價因而看漲。將鹽賣至缺鹽的國家，得金 1 萬多斤。又令賀禮往來都得用金，於是金價也就成倍地提高。

11. 一個國家，必有與它的大小相應的富商，這樣的富商的財力可與國君相當。他們越富，窮人就會越窮。所以，國君一定要利用自己的威權，保護人民的利益。比如山林菹澤草萊這樣的地方，是生財的處所，要保證這些地方為民所用。愛護人民，就如愛自己的父兄子弟一樣。以國君的游財，散與民人，使他們得有生產資金。自孟春至於季夏，不違農時和蠶時。

12. 一個農民不耕，可能有人因此挨餓。一個婦女不織，可能有人因此而穿不暖。收入倍於成本的，可以不賣子女了，三倍於成本的，就衣食無虞了。四倍於成本的，能交得起賦稅了，五倍於成本的，則可以有交換的資格了，

死了能得到如禮安葬。現在還沒有倍於成本，政府就徵求不止，是驅人民入為奸之路，使財貨流動不居，然後接著用國法來對付他們，就是毀壞立國的根基。秋收只有 3 成，鄉里有人缺吃的而為盜；兩成，村裏有人缺吃而為盜；一成，家裏有人因缺吃而為盜。現在對人民用誅殺之法，自己享優厚的俸祿，而要人民不犯法，是不可能的。況且早上發命令搜刮人民，晚上就要辦到，富有的人出錢財，窮乏的人賣衣履，農民賤賣糧食。國君誅求無已，人民無法應付，只好逃入山林，有的拿起武器反抗，家人離散，有的成為流民，士人逃往國外，這就叫做內敗。

13. 統治人民的，要因時發展生產，充實府庫。國家富裕，外國人就會來，荒地開發了，人民就會留下不走，糧倉充實，就知道禮節，衣食不愁才會知道光榮和恥辱。現在國君親自耕種，開墾荒地，有了糧食，而還是有人挨餓，是因為有人囤積糧食。發行貨幣，互通有無，而人民有賣子女的，是因為有人兼併。所以人君必須讓囤積的糧食得以分散，調節收入的高低，高的降下來，低的提上去，讓少數人兼併的財貨流入到多數人手中。

14. 怎樣才能讓囤積的糧食得以分散，讓少數人兼併的財貨流入到多數人手中呢？桓公問輕重家癸乙：「請教輕重之術。」癸乙回答：賦斂重的會喪失人心，多次欺騙諸侯的，沒有人聽他的指揮。管仲說：我不賦於民，我怎麼供應我的軍隊？我不賦於民，我怎麼對付鄰國？癸乙說：只有富於政治智慧的人才可以。富於政治智慧，就能通達萬物，能通達它，就能調動它。能調動它，它就賤了。萬物賤，才可作為依靠。可作依靠而不依靠，將被天下人所奪取，這樣，此人就是一個大壞蛋。桓公請進一步解釋所說的政治智慧和萬物可依靠。癸乙說：富甲一方而沒有供軍旅用的兵車，責備大臣；自己富足而不散其財與所交遊，責備執事官員。所以說，知道「調高下，分併財，散積粟（調節收入的高低，高的降下來，低的提上去，讓少數人兼併的財貨流入到多數人手中讓囤積的糧食得以分散）」這三件事是同一個目的的，可以為天下的君主，不知道的，就不能。發出號令，監督執行，民歸我像流水一般，這就是輕重之術。

15. 提高糧食價格。現在一釜糧食 40 錢，一個農民一年的收入不過兩金。如果提高到一釜 400 錢，農民收入一年會有 20 金，這還差不多。這樣的價格比，發一道命令就可以了。這就叫能審於輕重。

16. 大臣立於朝，無爵祿就不得盡忠，士兵序於戰陣，不行賞賜就不會有人冒死爭先。

17. 結交四遠，宜用貨幣。吳越以他們所寶貴的珠象為幣進行聘問，朝鮮以他們所寶貴的豹皮為幣進行聘問，禹氏以他們所寶貴的寶玉為幣進行聘問，崑崙以他們所寶貴的白璧為幣進行聘問，那麼，他們就會來朝齊國了。

這裏 17 段，第 2 段可能是前一篇《國準》的錯簡。第 7 段說越國的事，齊桓公那時，還沒有這個問題存在，可以肯定是後人增補。這兩段剔除，剩下 15 段，所講都是屬於經濟範疇的事。其中 6 段講生產，5 段講分配，3 段講物價，1 段講消費。

談生產的有：1 段，手工業生產，5 段兵工生產，6 段海產，9 段城市貧民的生產，10 段開發本地資源，11 段保證農民蠶民的生產資源和生產條件。談分配的有：12 段減稅，13、14 段反囤積、反兼併，16 段爵賞，17 段貨幣外交。談物價的有：3 段平糴，4 段使物資降價以至於無償可得，15 提高糧價。第 8 段是關於消費經濟的反映。再加上《鹽鐵論》中的那個統購統銷的例子，可以說，「輕重」所涉及的都是經濟領域的事。當然，我們也會清醒地認識到，我們所舉例具有隨機性質，歸納並不完全，因而有局限性。但無論如何，「輕重」多是說經濟領域，這是沒有疑義的。還可進一步說，大多數情況下，「輕重」是在經濟領域裏採取措施或辦法，如第 1 段，組織婦女勞力織布、刺繡、成衣，第 9 段，禁止有錢人打草鞋，種園子，距市場三百步不許種菜等。或制訂政策，如《鹽鐵論》的議論中心鹽鐵專賣，《管子·輕重甲》13、14 段反囤積、反兼併等。政府在經濟領域裏採取干預措施，或制訂政策以為導向，用現在的話來說，那就是「調控」。

由此可知，桑弘羊的「輕重」，實際上就是政府實施經濟調控，他想用這種手段來治理國家，來處理與鄰國的關係，就是把經濟擺在一切手段的首位。說這是桑弘羊思想的綱，應該是合乎實際的。

將《漢語大詞典》關於「輕重」解釋拿來對勘。其「輕重」第 11 個義項是：「我國歷史上關於調節商品、貨幣流通和控制物價的理論。《管子》有《輕重篇》論述最詳。」（縮印本 5838 頁）《詞典》所說的都是經濟領域，而且明確地用了「控制」的字樣。但也看得出不足，「輕重」不只是講流通領域，還涉及生產、分配和消費。說「控制」只限於物價，當然也不全面，「輕重」所要調控的還包括生產和分配。但如果不把《管子》聯繫起來，只考慮漢代的事，那麼，《詞典》的解釋就有較多的合理性。

至於經濟調控，為什麼叫做「輕重」，似乎也有道理可說。

　　《管子‧國蓄》：「夫民有餘則輕之，故人君斂之以輕。民不足則重之，故人君散之以重。斂積之以輕，散行之以重，故君必有十倍之利，而財之櫎可得而平也。」例如，秋收以後，糧食豐足，對穀米不十分看重，這時把糧食收上來。稱「斂之以輕」。到第二年青黃不接的時候，大家對穀米都珍惜了，這時把穀米散出去，稱「散之以重」。從這樣的一輕一重的過程中，可得十倍之利。這一類的「輕重」關乎民生，是重中之重，也是經濟調控的主要內容之一，是圖利的手段之一。所講究的是調控的時機，調控的手段，其他各類調控，同樣有時機和手段需要講究。所以凡調控都可名之為「輕重」。

參考文獻

1. 王利器：《鹽鐵論校注》〔M〕，天津：天津古籍出版社，1983 年版。
（原載北京：《古漢語研究》2008 年第 1 期）

主要參考文獻

（一）

1. 《馬克思恩格斯選集》（1～4卷），北京：人民出版社，1995年版。
2. 《馬克思恩格斯全集》（第1卷），北京：人民出版社，1995年版。
3. 《馬克思恩格斯全集》（第23卷），北京：人民出版社，1972年版。
4. 《馬克思恩格斯全集》（第46卷上），北京：人民出版社，1972年版。
5. 《鄧小平文選》（3卷），北京：人民出版社，1993年版。
6. 《江澤民文選》（3卷），北京：人民出版社，2006年版。
7. 胡錦濤：《高舉中國特色社會主義偉大旗幟，爲奪取全面建設小康社會新勝利而奮鬥──在中國共產黨第十七次全國代表大會上的報告》，北京：人民出版社，2007年版。

（二）

1. 王利器：《鹽鐵論校注》，北京：中華書局，1992年版。
2. 馬非百：《鹽鐵論簡注》，北京：中華書局，1984年版。
3. 喬清舉注釋：《鹽鐵論》，北京：華夏出版社，2001年版。
4. 馬非百：《管子輕重篇新詮》，《新編諸子集成》，北京：中華書局，1979年版。
5. 楊伯峻：《春秋左傳注》，北京：中華書局，1990年版。
6. 楊伯峻：《論語譯注》，北京：中華書局1980年版。
7. 楊伯峻：《孟子譯注》，北京：中華書局1984年版。
8. 楊伯峻：《列子集釋》，北京：中華書局1979年版。
9. 朱謙之：《老子校釋》，《新編諸子集成》，北京：中華書局1984年版。

10. 高明：《帛書老子校注》，《新編諸子集成》，北京：中華書局 2004 年版。

11. 王先謙：《莊子集解‧莊子集解內篇補正》，《新編諸子集成》，北京：中華書局，2006 年版。

12. 王先謙：《荀子集解》，《新編諸子集成》，北京：中華書局，2006 年版。

13. 吳毓江：《墨子校注》，《新編諸子集成》，北京：中華書局，2006 年版。

14. 孫詒讓：《墨子閒詁》，《新編諸子集成》，北京：中華書局，2001 年版。

15. 蔣禮鴻：《商君書錐指》，《新編諸子集成》，北京：中華書局，2001 年版。

16. 馬非百：《管子輕重篇新詮》，《新編諸子集成》，北京：中華書局，1979 年版。

17. 王先慎：《韓非子集解》，《新編諸子集成》，北京：中華書局，1998 年版。

18.《賈誼集》，上海：上海人民出版社，1976 年版。

19. 司馬遷：《史記》，北京：中華書局，1982 年版。

20. 董仲舒：《春秋繁露》，北京：中華書局，1975 年版。

21. 班固：《漢書》，北京：中華書局，1962 年版。

22. 王充：《論衡》，《諸子集成》第九卷，嶽麓書社，1996 年版。

23. 許慎：《說文解字》，中華書局，1979 年版。

（三）

1. 郭沫若：《鹽鐵論讀本序》，《郭沫若全集》第 8 卷，北京：人民出版社，1985 年版。

2. 劉揚：《鹽鐵論——富國之道》，瀋陽：春風文藝出版社，1992 年版。

3. 王寧：《評析本白話鹽鐵論》，北京：北京廣播學院出版社，1992 年版。

4. 徐復觀：《兩漢思想史》，第三卷，上海：華東師範大學出版社，2001 年版。

5. 黃留珠：《秦漢仕進制度》，西安：西北大學出版社，1998 年版。

6. 唐凱麟等：《中國古代經濟倫理思想史》，北京：人民出版社，2004 年版。

7. 胡寄窗：《中國經濟思想史》（中），上海人民出版社，1963 年版。

8. 趙靖：《中國經濟思想史述要》（上），北京大學出版社，1998 年版。

9. 侯外廬等：《中國思想通史》（第二卷），北京：人民出版社，1957 年版。

10. 張鴻翼：《儒家經濟倫理》，湖南教育出版社，1989 年版。

11. 王正平、周中之：《現代經濟倫理學》，北京：中國社會科學出版社，2001 年版。

12. 萬俊人：《道德之維：現代經濟倫理導論》，廣州：廣東人民出版社，2000 年版。

13. 劉永佶：《經濟文化論》，北京：中國經濟出版社，1998 年版。

14. 樊浩：《中國倫理精神的現代建構》，南京：江蘇人民出版社，1997 年版。

15. 朱彤書主編：《近代西方經濟理論發展史》，上海：華東師範大學出版社，1989 年版。

16. 唐凱麟：《倫理學》，北京：高等教育出版社，2001 年版。

17. 王澤應：《義利觀與經濟倫理》，長沙：湖南人民出版社，2005 年版。

18. 韓青民：《當代哲學人類學》（第一卷），南寧：廣西人民出版社，1998 年版。

19. 北京大學哲學系主編：《馬克思主義與人》，北京：北京大學出版社，1983 年版。

20. 周輔成：《西方倫理學名著選輯》（上下卷），北京：商務印書館，1996 年版。

21. 〔古希臘〕亞里士多德：《尼各馬科倫理學》，北京：中國社會科學出版社，1990 年版。

22. 〔德〕康德：《道德形而上學原理》，上海：上海人民出版社，1986 年版。

23. 〔法〕霍爾巴赫：《自然的體系》（上卷），北京：商務印書館，1964 年版。

24. 〔英〕亞當・斯密：《國富論》，北京：商務印書館，1979 年版。

25. 〔英〕密爾：《功用主義》，北京：商務印書館，1957 年版。

26. 〔美〕道格拉斯・C・諾思：《制度變遷與經濟績效》，北京：三聯書店，1994 年版。

（四）

1. 何煉成：《從〈鹽鐵論〉看中國古代的經濟思想》，載陳學超主編《國際漢學論壇》，西安：西北大學出版社，1994 年版。

2. 田餘慶：《鹽鐵論和西漢社會》，廣州：《學術研究》，1984 年 2 月。

3. 周乾溁：《對鹽鐵會議的重新評價》，天津：《天津師大學報》，1991 年 6 月。

4. 丁毅華：《鹽鐵會議論戰性質辨析》，天津：《天津師大學報》，1994 年 4 月。

5. 施丁：《秦漢豪族的呼聲──讀桓寬〈鹽鐵論〉》，上海：《學術月刊》，1999 年 11 月。

6. 伍立楊：《重讀《鹽鐵論》札記》，北京：《博覽群書》，2001 年 1 月。

7. 周俊敏：《〈鹽鐵論〉中蘊含的經濟倫理思想》，石家莊：《經濟論壇》，2003 年 5 月。

8. 唐凱麟、陳科華：《「輕重之辨」──〈鹽鐵論〉的經濟倫理思想意蘊》，長沙：《船山學報》，2004 年 3 月。

9. 竇炎國：《〈鹽鐵論〉中兩種對立的經濟倫理觀》，濟南：《齊魯學刊》，2006年6月。

10. 賀漢魂：《儒家人性根源論》，長沙：《船山學刊》2001年1月。

11. 張林海、殷勤：《〈鹽鐵論〉刑、德之爭及其當代意義》，鄭州：《中州學刊》，2004年3月。

12. 賀漢魂：《論王船山義利均衡的幸福觀》，長沙：《船山學刊》，2001年2月。

13. 於振波：《戰國秦漢時期的「重本抑末」政策──讀《鹽鐵論》有感》，南昌：《江西財經大學學報》（社會科學版），2000年7月。

14. 蔡鋒：《西漢的奢侈風習茲盛原因及其影響評議》，西寧：《青海社會科學》，1994年5月。